武术之文化艺术

力与巧相从
刚与柔相济
技与艺相和
形与神相通
文与武相途
善与美相一

赵全才
赵红雨
赵红雪
著

中国出版集团 现代出版社

图书在版编目（C I P）数据

全卫术之文化艺术 / 赵全才，赵红雨，赵红雪著．—北京：现代出版社，2022.5
ISBN 978-7-5143-9769-7

Ⅰ.①全… Ⅱ.①赵… ②赵… ③赵… Ⅲ.①中国式摔跤—通俗读物 Ⅳ.①G886.2-49

中国版本图书馆 CIP 数据核字（2022）第 046966 号

全卫术之文化艺术

作　　者　赵全才　赵红雨　赵红雪
责任编辑　袁　涛
出版发行　现代出版社
地　　址　北京市安定门外安华里 504 号
邮政编码　100011
电　　话　010-64267325　010-64245264（兼传真）
网　　址　www.1980xd.com
印　　刷　北京市海天舜日印刷有限公司

开　　本　710mm×1000mm　1/16
印　　张　16
字　　数　160 千
版　　次　2022 年 5 月第 1 版
印　　次　2022 年 5 月第 1 次印刷
书　　号　ISBN 978-7-5143-9769-7
定　　价　95.00 元

作者介绍
Author introduction

赵全才

著名摔跤家、武术家、作家、企业家、美食家，中华优秀传统文化的研究者和传播者。

创始了一门现代新武功——全卫术。

创作了多部教科书式的武学著作和热情歌颂真、善、美、德，并以真、善、美、德为一条红线串起整个篇章的感恩作品。

创办了北京东方全红体育健身中心有限责任公司，担任总经理，并兼任总教练。

创立了北京全卫术现代武功竞技文化全国培训中心，担任主任。

创立了北京东方全红摔跤武术馆，担任馆长。

创办了北京市老跤友联谊会，担任名誉会长。

原中学教师，因支援钢铁建设到首都钢铁公司工作，任高级管理人员，并兼任首钢摔跤散打协会会长。

学校时期：

曾多次参加市、区的篮球、田径和摔跤武术比赛，取得了优异的成绩，并获得过第一名。

首钢时代：

创立了首钢武馆，担任馆长，并兼任总教练。

创立了首钢跤馆，担任馆长，并兼任总教练。

曾多次组织、参与了首钢各种摔跤武术比赛，为推动首钢摔跤武术运动的发展，为丰富职工的业余文化生活作出了贡献。

曾多次在市辖地区、首钢集团、全国冶金系统的摔跤武术比赛上取得优异成绩，并获得过第一名。

作者介绍
Author introduction

赵红雨

武术家、武学作家、健康管理专家，毕业于首都医科大学临床医学系、北京科技大学 MBA 课程班。

全卫术第一代传承人，从小跟随父亲习练全卫术，功底瓷实，技术熟练。随着学识的增高，对于全卫术理论有了更深广的理解，因此，为本书撰写了一篇名为《从美学视角诠释全卫术的概念定义》的精辟论说。

此前，还为《道·路》一书撰写了“文化素质”、“教科新书”两节。

现任北京全卫术现代武功竞技文化全国培训中心副主任，北京东方全红摔跤武术馆总教练。

赵红雪

武术家、作家、领导力及人才发展专家，中国劳动经济学会理事，原欧盟商会人力资源论坛副主席，毕业于北京大学教育心理系。

全卫术第一代传承人，从小跟随父亲习练全卫术，对于全卫术的技术方法，从理论上讲得透，从实用上说得清。随着学识的增长，涉猎学科范围的广泛，对于全卫术技术方法从文化艺术上有了更深远的理解。因此，协助作者撰写了一篇名为《从艺术视角阐释全卫术的技术方法》的精准论旨。

此前，为《爱·好》一书撰写了“自然村落”、“江南风光”两节。

现任北京全卫术现代武功竞技文化全国培训中心总教练，北京东方全红摔跤武术馆副馆长。

目录
contents

作者赵全才在 20 世纪 70 年代获得“首钢技术业务能手”光荣称号时的先进个人照

作者赵全才在书房

作者赵全才在《爱·好》一书出版发行庆祝会的主席台上

作者赵全才同夫人共享生日祝福

作者赵全才同夫人在生日庆祝会上

作者赵全才同夫人在品茶

作者长女赵红雨在《全卫术之秘籍》一书出版发行庆祝会的主席台上

作者长女赵红雨在《全卫术之秘籍》一书出版发行庆祝会上向来宾们致意

作者小女赵红雪在《全卫术之秘籍》一书出版发行庆祝会上致辞

作者小女赵红雪举杯和来宾们共庆《全卫术之秘籍》一书出版发行

作者赵全才

作者赵全才的著作《全卫术之秘籍》

作者同夫人和赵氏家族的后代合影

作者和“全卫术”传承人合影

作者同夫人和“全卫术”传承人合影

作者和“全卫术”传承人合影

作者同夫人和“全卫术”传承人合影

作者同夫人和“全卫术”传承人合影

作者同夫人和“全卫术”传承人合影

作者夫人同姐妹们和“全卫术”传承人合影

作者和“全卫术”传承人合影

作者同夫人和“全卫术”传承人合影

作者同夫人和“全卫术”传承人合影

作者同夫人和“全卫术”传承人合影

作者同夫人在《道·路》一书出版发行庆祝会上和“全卫术”传承人合影

作者同夫人在《全卫术之秘籍》一书出版发行庆祝会上和“全卫术”传承人合影

作者同夫人在《爱·好》一书出版发行庆祝会上赞许“全卫术”传承人敬献的贺礼

作者同夫人和来宾们在作者生日庆祝会上

作者和家人在生日庆祝会上

作者和“全卫术”传承人在生日庆祝会上

作者同夫人和“全卫术”传承人在生日庆祝会上

作者和“全卫术”传承人在生日庆祝会上

作者同夫人和“全卫术”传承人在生日庆祝会上

作者同夫人在生日庆祝会上观看“全卫术”表演

作者同夫人和“全卫术”传承人在生日庆祝会上

作者和“全卫术”传承人在生日庆祝会上

作者同夫人观看“全卫术”表演

作者的外孙（台上习练者左一）在表演“全卫术”

作者和长女对史教授的父母前来参加《道·路》一书出版发行庆祝会表示衷心感谢

作者和首钢老友在《全卫术之秘籍》一书出版发行庆祝会上

作者长女赵红雨在《道·路》一书出版发行庆祝会上讲话

作者小女赵红雪在《道·路》一书出版发行庆祝会上讲话

作者和小女在《全卫术之秘籍》一书出版发行庆祝会上

作者夫人和妹妹们在《全卫术之秘籍》一书出版发行庆祝会上合影

作者和外孙女一起展示——外孙女为敬贺姥爷《道·路》一书出版发行而创作的篆书书法作品

作者和小女在《全卫术之秘籍》一书出版发行庆祝会上

作者在《全卫术之秘籍》一书出版发行庆祝会上

作者小女和前来参加《全卫术之秘籍》一书出版发行庆祝会的来宾们合影

作者小女和外孙女一起展示——外孙女为敬贺姥爷《道·路》一书出版发行而创作的篆书书法作品

作者小女和侄女、外孙女在一起

作者侄子在《全卫术之秘籍》一书出版发行庆祝会上朗读书中片段

作者侄女在作者生日庆祝会上演奏

东方全红体育健身中心创建十八年
东方全红体育健身

希望之星

热烈庆祝《道·路》一书出版发行
暨东方全红体育健身中心成立十五周年
东方全红体育健身

未来之星

序 言

76岁抒怀。

如果说我创始了一门现代新武功——全卫术，并使全卫术在近六十年的时间里，取得了蓬勃的发展，蜚声长城内外，享誉神州海外，为中华武功增添了一门新功夫，为体育增加了一个新的竞技项目，是天成的话……

如果说我创作了六部著作，仅仅用了十八年，并使这些著作本本有新意，书书有看点，读起来欲罢不能，拿起来爱不释手，为武学文化添写了新篇章，为中华优秀的传统文化的传承发展作出了贡献，是天资的话……

如果说我创新了全卫术文化艺术发展新理念，即“四美”——崇尚美、追求美、实现美、共飨美，并使全卫术向更文明、更美好的方向发展，并使之呈现出极强的鲜明的特征，即“六强”——科学性强、实用性强、观赏性强、艺术性强、文化性强、自然性强，为艺术增添了一个新的学科，为中华武功顺应发展作出了开创先河的榜样，是天赋的话……

如果说我创先了全卫术现代新武功的概念定义，这一概念定义，使得全卫术取得了长足的发展，同时也是以武学视角对《美学概论》中关于真、善、美、德的联系和区别探讨的最好解读；对人世间精神的高境界——真、善、美、德文化理念的最新阐明，是天才的话……

如果说我创造了对前人们富于哲理的至理名言的独到见解——“文艺相联，文武相途，武文相备，科文相通”，是天禀的话……

这么好的天分从哪里来？是从父母的遗传基因上来！是从父母创始的家庭文化中来！

由于父母遗传基因好，因而使我的身体先天发育良好，后来，生活条件优越，更使在青少年时期的我茁壮成长，体形健美，体魄健壮，我的反应能力很强，灵敏程度很高，因此，使我有了习跤练武的本钱。少年时期，身高臂长（一寸一强），能耍鞭长；青年时期，膀宽腰细（必得有劲），能耍枪技；壮年时期，虎背熊腰（准会摔跤），能耍大刀。我的大脑和其他生理器官机能都优于一般标准，有很强的感知、记忆、想象和思维的认知能力。因而我的记忆力很强，有过目不忘的能力；我的悟性很高，有无师自通的潜质，因此，我的印象的库藏、知识的积累都非常丰富。

我们的家庭，文化氛围浓厚，特别是传统文化。讲究武学文化、语言文化、时尚文化、建筑文化、饮食文化。其实我们的家庭文化是以家庭语言文化为主线，串起武学文化、时尚文化、建筑文化、饮食文化为整个篇章的家庭文化薪火相传的画卷。母亲，是将语言文化、时尚文化、饮食文化、戏曲文化、园艺文化融为一身的时尚文化女性；父亲，是将武学文化、建筑文化、饮食文化、书法文化、戏曲文化融为一身的工程技术人员。

家庭文化把我培养成了摔跤家、武术家、作家、企业家、美食家，站在名家的高度，感悟一下人生，那就是"天人合一，道法自然"。认知一下全卫术，那就是"善待他人，共飨神韵"。

"天人合一，道法自然"这一哲学思想帮助我很好地感悟人生：没有出神入化、游刃有余的高功夫，就上不了更高的台阶；没有人世间精神的高境界，就永远够不着武德那个"天"；没有很高的人格修为，没有更深的文化修养，就无法领略到人生高处的无限自然风光。

"善待他人，共飨神韵"最能说明全卫术的宗旨、目的，最好体现全卫术的技击性、竞技性、文化性、艺术性，也就是说，让全卫术的习练者和爱好者，都能共同飨受全卫术给人们带来的武艺上的高功夫：出神入化（神外之曲、化外之音）；文化上的高格调：京文京格（文外之美、格外之雅）；

艺术上的高品位：京韵京味（韵外之致、味外之旨）；精神上的高境界——真、善、美、德（真中有善、美中有德）（即四高）。

几十年以来，我为什么武传不止、笔耕不辍、创造不已、奋斗不停呢？那是因为，我在践行我的人生观，只能这样做，愈做愈好，按照这个调，我将满怀热望，一路歌唱……

第一章

全卫术之文化艺术

第一节
论说全卫术之文化艺术

中国武艺、文学、艺术都起源于原始社会，都产生于原始先民们的重要生产生活方式——狩猎。不管现代怎样按学科分类，它们都同属于中华优秀传统文化，都是我们应该继承的祖国文化遗产。

全卫术是一门全为民、卫全民的现代新武功，它是中华传统武功的延伸与发展。它崇拜自然、尊重科学、继承传统、顺应发展、善待他人、共飨神韵，是一种典型的文化形态；又是一个新的体育运动方式；更是一门新的艺术门类。作为一个体育项目，它体现了体育更快、更高、更强的精神，它可以跟世界上许多武功竞技；作为一个文化形态，它显现了优秀传统文化的博大精深，它传播着中国人的思想、伦理、道德和行为；作为一个艺术门类，它展现了技艺的炉火纯青，它彰显了力与巧相从的外在美，形与神相通的内在美，技与艺相和的现代美。这一概念定义，使得全卫术取得了长足的发展。同时也是以武学视角对《美学概论》中关于真、善、美、德的联系和区别探讨的最好解读；对人世间精神的高境界——真、善、美、德文化理念的最新阐明。

全卫术让我感觉到了摔跤武术界的认可、称赞和习武者喜爱、推崇的成就感，从中我看到了自己的力量、智慧和功夫，使我感受到了萌生的最初的审美愉快。这种审美愉快在全卫术科学健康发展的促进下，得以快速地发展。审美意识的不断增强，就要求全卫术向更文化艺术的方向发展，于是就诞生了全卫术文化艺术发展的新理念，即“四美”：崇尚美、追求美、实现美、共飨美。顺应历史发展，全卫术一直把“四美”的文化艺术发展理念贯穿于全卫术的蓬勃发展之中。因此，全卫术不但重视它的技击性、竞技性，更重视它的文化艺术性。因而全卫术的技术方法（实用招术）也呈现出极强的鲜明特征：科学性强、实用性强、观赏性强、艺术性强、文化性强、自然性强（即六强）。其实这六强就是全卫术发展的三个不同阶段（初级、中级、高级）。每个级段都释放出三个段位，共计九个段位。

初级阶段

它主要体现出科学性强、实用性强两个特征。

它有三个段位，即：

一段，强身健体；

二段，防身自卫；

三段，见义勇为。

要想达到级段的标准，须达到功底瓷实、动作标准、技术熟练、抗暴匡助。

因为全卫术的技术方法（实用招术）都是经过科学论证、实践印证的真功夫，只要达到这个标准，就能使习练者具备见义勇为、抗暴匡助的本领。

中级阶段

它主要体现出观赏性强、艺术性强两个特征。

它有三个段位，即：

四段，竞技比试；

五段，娱乐身心；

六段，培养美感。

要想达到级段的标准，须达到技艺精湛、勇夺桂冠、招术独特、随心所欲。

在勇夺桂冠的基础之上，进一步精益求精，有自己的绝招，手、眼、身法、步，精、神、气力、功，八法高度统一，就能够练就观赏性很强，甚至是艺术性很高的实用技法。

高级阶段

它主要体现出文化性强、自然性强两个特征。

它有三个段位，即：

七段，陶冶情操；

八段，修身养性；

九段，文武相途。

要想达到级段的标准，须达到武艺高超、炉火纯青、出神入化、游刃有余。

在随心所欲的基础上，力图达到武艺高超、炉火纯青的程度，运用起来出神入化，达到游刃有余的自然境界，就能领悟到天人合一的文化高度，道法自然的本然意义。

要想达到六强，练到九段，还必须懂得六个哲理：力与巧相从；刚与柔相济；技与艺相和；形与神相通；文与武相途；善与美相一（即六相）。

力与巧相从：一力降十会，一巧破千斤。
刚与柔相济：一刚发必中，一柔泄必化。
技与艺相和：一技能夺魁，一艺才赢人。
形与神相通：一形迷众人，一神定乾坤。
文与武相途：一文高素质，一武高功夫。
善与美相一：一善天下行，一美神韵扬。

全卫术的爱好者，按照这九段，勤学苦练、不断登攀，就能共飨到全卫术给人们带来的武艺上的高功夫：出神入化（神外之曲、化外之音）；文化上的高格调：京文京格（文外之美、格外之雅）；艺术上的高品位：京韵京味（韵外之致、味外之旨）；精神上的高境界：真、善、美、德（真中有善、美中有德）（即四高）。

要想创始出文化艺术性很强的一门新武功，创始人必须要有很高的艺术天赋。“要成为艺术天才，还需要个人具备一定的条件。如上所述，其中还要包括个人自然禀赋上的特点；如果根本否认人们在自然禀赋方面存在的差异是不对的。由于先天遗传方面和后天生活条件方面的不同，人们在从形体到感觉器官以至大脑等生理器官上，都有虽然不可夸大，但也无可怀疑的差别，因而造成人们的反应能力及其灵敏度的不同。这些差别，在表演艺术家身上表现得特别显著。”（摘自《美学概论》）我的自然禀赋超优，少年志向超俗，让我有了艺术天赋；我的文化素养积淀深厚、科学知识积累深臻，使我有了很强的审美意识；我的传统武艺高超自然，我的社会实践高质自觉，使我有了更强的审美感受的心理能力。因此，创始了具有开创现代武功先河意义的文化艺术性很强的全卫术。全卫术（散手摔、摔拿术）是我在1963年创始的。

为了让习练全卫术的人们更快、更好地领悟全卫术文化内涵与艺术价值，我将全卫术的概念定义、宗旨目的、文化礼仪、文化艺术、手法、步法、摔法和器械法深入浅出、言简意赅地编成了《全卫术新咏》。《全卫术新咏》的“新”字有“新武功”的含义。《全卫术新咏》共七句话，九十六个字。

全卫术新咏

全为民，卫全民，全心全意都为民。
服要尊，礼要先，服礼相融都为尊。
崇尚美，追求美，实现共飨都为美。
擒拿手，摔拿手，肘击膝撞都为手。
格登步，车轮步，盖背划蹦都为步。
拿中摔，摔中拿，踢打摔拿都为摔。
棍中鞭，鞭中棍，棍里加鞭都为鞭。

著名摔跤家、武术家、作家、企业家、新搏击术全卫术创始人、《道·路》一书的作者：赵全才总教练

讲课

作者展示全卫术技术方法（实用招术）的文化艺术性

拧臂擸 1

拧臂擸 2

拧臂撮 3

拧臂撮 4

回马刀 1

回马刀 2

回马刀 3

拧麻花 1

拧麻花 2

拧麻花 3

拧麻花 4

掴臂弹 1

掴臂弹 2

掴臂弹 3

掴臂弹 4

掴臂扒 1

掴臂扒 2

捯臂扒 3

关公脱袍 1

关公脱袍 2

关公脱袍 3

关公脱袍 4

小缠丝腕 1

小缠丝腕 2

小缠丝腕 3

大缠丝腕 1

大缠丝腕 2

大缠丝腕 3

缠磙指 1

缠磙指 2

缠磙指 3

荡秋千 1

荡秋千 2

荡秋千 3

顺手牵羊 1

顺手牵羊 2

顺手牵羊 3

顺手牵羊 4

左抖鞭 1

左抖鞭 2

左抖鞭 3

左抖鞭 4

云龙手 1

云龙手 2

云龙手 3

反败为胜 1

反败为胜 2

反败为胜 3

反败为胜 4

大铰丝 1

大铰丝 2

大铰丝 3

流星手 1

流星手 2

流星手 3

支臂踢 1

支臂踢 2

支臂踢 3

飞摆莲 1

飞摆莲 2

飞摆莲 3

飞摆莲 4

扫地风 1

扫地风 2

扫地风 3

双左抖鞭 1

双左抖鞭 2

双右抖鞭 1

双右抖鞭 2

双右抖鞭 3

双右抖鞭 4

左右开弓 1

左右开弓 2

左右开弓 3

双解臂花

搂头盖脸 1

搂头盖脸 2

搂头盖脸 3

左抖鞭 1

左抖鞭 2

左抖鞭 3

大缠丝腕 1

大缠丝腕 2

大缠丝腕 3

东方全红体育健身
SUNPLACE SPORTS & FITNESS

右臂花 1

东方全红体育健身
SUNPLACE SPORTS & FITNESS

右臂花 2

右臂花 3

作者的徒弟们在表演全卫术

作者的徒弟们在表演全卫术

作者的徒弟们在表演全卫术

作者的徒弟们在表演全卫术

作者的徒弟们在表演全卫术

作者的徒弟们在表演全卫术

作者的徒弟们在表演全卫术

作者的徒弟们在表演全卫术

第二节
从美学视角诠释全卫术的概念定义

一、全卫术的概念定义

全卫术的概念定义是：全卫术是一门全为民、卫全民的现代新武功，它是中华传统武功的延伸与发展。它崇拜自然、尊重科学、继承传统、顺应发展、善待他人、共飨神韵，是一种典型的文化形态；又是一个新的体育运动方式；更是一门新的艺术门类。

崇拜自然：就是崇拜自然界，敬重、敬畏大自然，就是要遵从自然规律。这句话的意涵，正如道家哲学中的核心观念“道法自然”的基本涵义。“道法自然”出自《老子》第二十五章：“人法地，地法天，天法道，道法自然。”它强调了自然的崇高地位，而相应地去掉了人为的力量，并告诫人们要遵从自然之理，不要违背大自然的规律。这就是庄子所倡导的返璞归真的天人相融的本然境界。

尊重科学：就是要尊重科学规律，重视反映自然、社会、思维等客观规律的各个学科的知识体系，并认真严肃学习和全卫术有内在联系的科学知识，因为知识可以相互转化，可以触类旁通。全卫术在科学健康的发展之中，已经融入了中国古代哲学、兵学、文学、艺术、中医学及现代力学、心理学等相关知识。因此，全卫术才取得了长足的发展。

继承传统：就是要继承好祖国的文化遗产，中华民族历史悠久，文化灿烂，留下了五千年的文化遗产。不但要继承好，更要使我们的中华优秀传统文化发扬光大。

顺应发展：在继承好祖国文化遗产的基础上，顺应历史发展的潮流，创始出不失传统精髓，又符合历史发展的现代新武功。

善待他人：就是与人为善。以友善的态度，对待所有人。孟子将“天”视为道德的本原，认为人的心性受之于天，尽心知性而可与天地相通达。“仁义忠信、乐善不倦、此天爵也”，孟子在此即用天赐的爵位来表示人的高尚道德。“夫君子所过者化，所存者神，上下与天地同流”，这是君子的道德修养所能达到的崇高境界。习武者，要有回归自然的人性，以天人合一的中国传统哲学思想为武德的最高境界，所行所为要上善若水。“上善若水”，出自《老子》第八章：“上善若水。水善利万物而不争，处众人之所恶，故几于道。

居善地，心善渊，与善仁，言善信，政善治，事善能，动善时。夫唯不争，故无尤。”也就是说，要不争名利，要做有益于社会的事，一切为人民服务。

共飨神韵：就是让所有习练全卫术的人，都能够共飨到全卫术武艺上的高功夫：出神入化（神外之曲、化外之音）；文化上的高格调：京文京格（文外之美、格外之雅）；艺术上的高品位：京韵京味（韵外之致、味外之旨）；精神上的高境界：真、善、美、德（真中有善、美中有德）（即四高）。

二、《美学概论》中的真、善、美

“真、善、美，就其历史的发生发展来说，只有当人在实践中掌握了客观世界的规律（真），并运用于实践，达到了改造世界的目的，实现了善，才可能有美的存在。但作为历史的成果、作为客观的对象来看，真、善、美是同一客观对象密不可分地联系在一起的三个方面。”（摘自《美学概论》）这可以从科学健康发展中的全卫术的概念定义里获得最好解读。

按照《美学概论》这一论说，全卫术的概念定义里的八句话可以诠释为：

第一、第二句话，敬重敬畏大自然，尊崇自然规律，尊重科学规律，认真学习和全卫术相关联的科学知识。这就是“真”。

第三、第四句话，继承好祖国优秀文化遗产，顺应历史发展潮流创新发展。这就是“善”。

第五、第六句话，尊崇“武德”，服务他人，共同飨受全卫术带来的美的神韵。这就是“美”。

这六句话，是全卫术概念定义里密不可分联系在一起的三个方面。真中有善、善中有美，也充分说明了全卫术的文化内涵。

第三节
从艺术视角阐释全卫术的技术方法（实用招术）

一、全卫术技术方法的特点

我从七岁开始跟随父亲习练家传技法，主要是习练专项基本功和鞭、棍等器械；十二岁开始跟随二舅爷习练京城散手，京城散手实质上就是侍卫散手和民间散手相互融合的技法，主要是习练徒手格斗和空手夺器械。十六岁开始跟随一代摔跤大师单世俊先生习练京城跤法，京城跤法实质上就是侍卫跤法和民间跤法相互融合的技法，主要习练单式跤法和三节棍等器械。遇到顶级的大师，上乘的武艺，对于我这么一个痴迷武艺的年轻人来说，是如愿以偿了！如饥似渴的勤学苦练，使得我鞭、棍、刀、枪无所不能，如切如磋的竞技比试，让我在市辖地区、首钢集团、全国冶金系统的摔跤武术比赛中取得了优异成绩，并获得过第一名。久而久之，在我身上自然形成了一种区别于他人，而又具有自己独特武艺风格特征的摔跤武术技法，它以家传技法、京城散手和京城跤法为基础。这种摔跤武术技法区别于现代任何武功门类，但所有武功门类的长处都能在这种技法内找到，这种技法在日常生活和社会实践中凸显它顺应历史发展的特点，更体现出“京城散手”和“京城跤法”京文京格、京韵京味的特点。

“全卫术”现代武功与竞技武术的区别在于它更注重技术方法的传统性；它与传统武术的区别在于它更注重技术方法的竞技性；它与中国式摔跤的区别在于它更注重踢、打、摔、拿、躺等技击方法的融合性；它与国外武术的区别在于它更注重步型、步法和手、眼、身法、步统一的和谐性；它与国际摔跤的区别在于它更注重技与巧的完美结合，突出技术方法的优美性。

二、全卫术技术方法的艺术性

全卫术——说它是艺术，基于武艺和文化艺术同根同源；说它不是艺术，是因为现代文艺学科里没有“武艺”。全卫术诞生在现代文明社会里，它必然带有现代文明的鲜明特征。它不但重视技击性、竞技性，更重视文化艺术性。

最初的原始艺术，物质实用对象与审美对象是分不开的。随着人类社会生活的发展，艺术才逐渐从物质实用对象中分化出来，就有了专供审美对象的——艺术。从“艺术”一词的“艺”字的演化当中，也可以看出技术和艺术是不可分的。在甲骨文里，“艺”字是一个人在劳作种植的形象，可见在古代社会，生产劳动技术与艺术是不可分的。随着社会的文明发展，技术与艺术才逐渐分化。可现代的许多生产生活的领域，仍然保留着和原始意义的一致性，如武艺、技艺、手艺、工艺、农艺、园艺等。其实现实社会中，在有些非艺术种类的领域里，经常使用“艺术”与“艺术性”两个词汇，而且使用得恰如其分，正到好处。如，把对一个工厂、一个单位有创造性发展的领导有方，赞誉为“领导艺术”；把对大型联合企业生产与大型综合性组装工程生产指挥的完美组织，称赞为“指挥艺术”。这说明高度的人类智慧与熟练的劳动技能，成为一种创造性的活动，也就有了艺术的意义，特别是在竞技体育中，有个别项目竟以“艺术”一词冠名，如艺术体操、体育舞蹈。体育运动的快速发展，培养了人们观看竞技体育的审美意识。现在人们不但爱看比赛的输赢成败，而且还要从审美的角度看其是否有艺术性。如，其一，为什么人们爱看京城跤法和京城散手呢？除去它武艺上的高功夫之外，主要是它们有文化上的高格调：京文京格（文外之美、格外之雅）；艺术上的高品位：京韵京味

（韵外之致、味外之旨）。正如北京的广大民众所言，撂跤武术是北京的技艺，一个字，就是“美”！看了北京的撂跤和散手，就会知道什么叫环立如堵，什么叫万人空巷，同时体验到三月不知肉味的滋味。其二，人们为什么爱看美国的篮球、巴西的足球？除去它是世界一流水平以外，主要是因为他们的技艺精湛，艺术性非常强，人们从中得到了美的感受，提升了审美的趣味。在人类社会实践中，技和艺你中有我，我中有你，互为其中，互为表里。对于文学艺术各种体裁之间的一致性和差异性，曹丕有过这样的阐述：“夫文本同而末异，盖奏议宜雅，书论宜理，铭诔尚实，诗赋欲丽。此四科不同，故能之者偏也；唯通才能备其体。”对于“文武不殊途”的深刻哲理和文武相途的文化理念，李白在《侠客行》里有过张扬的阐释。其实孔子也早已对“有文事者，必有武备；有武事者，必有文备”这一哲理进行过精辟的诠释。也就是说，文学恰恰是揭露假的东西，鞭挞丑恶的东西，为真、善、美讴歌的有力武器；武学正是惩治丑恶的东西，为真、善、美保驾护航的侍卫。它们都是保护真、善、美，促进真、善、美发展的伟力。这就说明“艺术”与“艺术性”两个词汇的文字意义已经有了新的原始意义。因为它们都属于大自然，本来文学艺术之间的内在相互联系和文学艺术与武艺的内在相互联系都是根同末异，它们的区别是由不同的学科文化给分开的。由此可以说，全卫术与舞蹈、雕塑、音乐、书法等艺术有着密不可分的内在联系：如它的技术动作里有许多变脸（甩脸、甩头）的短暂停顿的动作，就具有雕塑的意思；它的实用技法里如行云流水的连续不断的演练，似舞蹈；有节奏的基本功习练，如音乐。它技术方法里的实战对练，就像戏剧里的唱、念、做、打里的“打”；特别是中国电影的功夫片，就是中华武功艺术化的典型。因此，可以说全卫术具有很强的艺术性。

三、全卫术文化艺术发展理念

人类的社会实践产生了美，美就是生活，就是人们生产劳动的成果，就是一切美好的事物。全卫术是一个诞生在现代文明社会里的美好事物，它充分遵从自然规律，尊重科学规律，给人们带来了官能快感，突出了自然形式美。全卫术让我感觉到了摔跤武术界的认可、称赞和习武者喜爱、推崇的成就感，从中我看到了自己的力量、智慧和功夫，使我感受到了萌生的最初的审美愉快，这种审美愉快在全卫术科学健康发展的促进下，得以快速地发展。审美意识的不断增强，就要求全卫术向更具有文化艺术的方向发展，于是就诞生了全卫术文化艺术发展的新理念，即“四美”：崇尚美、追求美、实现美、共飨美。全卫术促进发展了人们的审美意识，使人们共飨了全卫术的神韵，为美好社会作出了贡献。

全卫术不但重视它的技击性、竞技性，更重视它的文化艺术性。顺应历史发展，全卫术一直把“四美”的文化艺术发展理念贯穿于全卫术的蓬勃发展之中。因此，全卫术的实用技法也呈现出极强的鲜明特征：科学性强、实用性强、观赏性强、艺术性强、文化性强、自然性强（即六强）。其实这六强就是全卫术发展的三个不同阶段（初级、中级、高级）。每个级段又分别释放出三个段位，共计九个段位。

初级阶段：它主要体现出科学性强、实用性强两个特征。

它有三个段位，即一段，强身健体；二段，防身自卫；三段，见义勇为。

要想达到级段的标准，须达到功底瓷实、动作标准、技术熟练、抗暴匡助。

因为全卫术的技术方法（实用招术）都是经过科学论证、实践印证的真功夫，只要达到这个标准，就能使习练者有见义勇为、抗暴匡助的本领。

中级阶段：它主要体现出观赏性强、艺术性强两个特征。

它有三个段位，即四段，竞技比试；五段，娱乐身心；六段，培养美感。

要想达到级段的标准，须达到技艺精湛、勇夺桂冠、招术独特、随心所欲。

在勇夺桂冠的基础之上，进一步精益求精，有自己的绝招，手、眼、身法、步，精、神、气力、功，八法高度统一，就能够练就观赏性很强，甚至是艺术性很高的实用技法。

高级阶段：它主要体现出文化性强、自然性强两个特征。

它有三个段位，即七段，陶冶情操；八段，修身养性；九段，文武相途。

要想达到级段的标准，须达到武艺高超、炉火纯青、出神入化、游刃有余。

在随心所欲的基础上，力图达到武艺高超、炉火纯青的程度，运用起来出神入化，达到游刃有余的自然境界，就能领悟到天人合一的文化高度，道法自然的本然意义。

要想达到六强，练到九段，还必须懂得六个哲理：力与巧相从；刚与柔相济；技与艺相和；形与神相通；文与武相途；善与美相一（即六相）。

力与巧相从：一力降十会，一巧破千斤。

刚与柔相济：一刚发必中，一柔泄必化。

技与艺相和：一技能夺魁，一艺才赢人。

形与神相通：一形迷众人，一神定乾坤。

文与武相途：一文高素质，一武高功夫。

善与美相一：一善行天下，一美神韵扬。

全卫术的爱好者，按照这九段，勤学苦练、不断登攀，就能共飨到全卫术给人们带来的武艺上的高功夫：出神入化（神外之曲、化外之音）；文化上的高格调：京文京格（文外之美、格外之雅）；艺术上的高品位：京韵京味（韵外之致、味外之旨）；精神上的高境界：真、善、美、德（真中有善、美中有德）（即四高）。

第二章

阐述我的艺术天赋的由来

我的自然禀赋好，使我体魄健壮，心灵手巧；我的家庭熏陶好，使我的艺术素养与日俱增；老辈的栽培和学校的培养，使我的艺术修养大幅提高，不断提高，年年提高。

第一节
自然禀赋

由于父母遗传基因好，因而使我的身体先天发育良好，后来，生活条件优越，更使在青少年时期的我茁壮成长，体形健美，体魄健壮，我的反应能力很强，灵敏程度很高，因此，使我有了习跤练武的本钱。少年时期，身高臂长（一寸一强），能耍鞭长；青年时期，膀宽腰细（必得有劲），能耍枪技；壮年时期，虎背熊腰（准会摔跤），能耍大刀。

我的大脑和其他生理器官机能都优于一般标准，有很强的感知、记忆、想象和思维的认知能力。我的记忆力很强，有过目不忘的能力，因此，我的“印象的库藏、知识的总量”都非常丰富。要知道，没有记忆就没有想象，想象是凭借着记忆所供给的材料进行活动，改造着人们头脑当中的记忆表象而创造新形象。想象是审美反应的枢纽，没有想象就不能唤起特定的情感态度，也不能产生特定的审美感受。我的悟性很高，有无师自通的潜质，智商高，悟性就好，对事物的分析理解能力就愈强，理解能力愈强，智力也就愈强，因而我认知理解客观事物，并运用知识经验解决问题的能力也就愈强。我的艺术天赋在后天的努力学习、勤于实践的发展中得到充分发挥，使我的艺术才能得到了进一步的发展。因此，我顺利地通过潜水员、飞行员等的体检，让我成为一个高中毕业以后留校的语文、体育教师。

第二节
家庭熏陶

家庭是少年儿童的第一所学校，父母是少年儿童的第一任教师，这是世人普遍认同的哲理。人们常说的“有什么样的父母，就有什么样的孩子”不无道理。可见父母对子女的影响是非常大的，甚至可以影响一生一世。我陪父母生活六十余年，由此，可以说父母的世界观、人生观影响着我，父母的文化修养、艺术素养滋养着我，因而使我的性格品质善良仁义、豪爽豁达，情感细腻、喜爱文艺，自信心强、善于创造，意志坚强、爱好竞技，热爱生活、乐于助人。

我们的家庭文化氛围浓厚，特别是传统文化。讲究武学文化、讲究语言文化、讲究时尚文化、讲究建筑文化、讲究饮食文化。母亲，是将语言文化、时尚文化、饮食文化、戏曲文化、园艺文化融为一身的时尚文化女性；父亲，是将武学文化、建筑文化、饮食文化、书法文化、戏曲文化融为一身的工程师。

一、武学文化

从我七岁开始，父亲就对我传授家传武艺，主要是专项基本功和鞭棍刀枪等器械。父亲对我要求很严，技术动作非标准不可，技术方法非熟练不可。他说："熟能生巧，巧能生艺，艺能生美。"因此我的功底瓷实、技术动作标准。在少年时期，就已经成为地区摔跤武术的高手。父亲秉持要成为摔跤武术大家必须要有深厚文化根基的理念，让我努力学习传统文化。传统文化包括武学、文学、哲学、史学、医学、艺术、戏剧、音乐、饮食、民俗等众多门类，这些门类相互依存、相互滋养、相互激发、相互发展，它们是兄弟篇章、姊妹艺术。从那时起，父亲就为我开设了学习传统文化的小课堂，随着时间的推移，小课堂的听课人数逐渐增多，有家人、徒弟，还有以武会友的朋友。随着事业的发展，小课堂变成了能容纳几百人的大武馆。小课堂把我和二弟、三弟都培养成了摔跤武术大家，同时小课堂也诞生了全卫术。大课堂为我培养了成千上万的全卫术爱好者，他们之间不乏许多全卫术高手。全卫术一直沿着小课堂摔跤武术大家要富有文化的理念发展壮大着，实现了武学文化辈辈继承的意愿。

二、语言文化

语言文化在这里主要指语言艺术。语言艺术（文学）是以语言或文字为物质手段，构成了一种表象和想象的形象。它与日常用语和理论语言有所不同，语言艺术是经过艺术加工成的精练而生动、形象而鲜明的语言，突出了它的表现性和形象性。在古代诗、歌、舞是统一的，由此可以说明诗与音乐艺术有着密切的联系。文字的出现促进了诗与乐逐渐分化，因此，唱的诗变成了阅读或朗诵的诗，叙事诗的发展摆脱了韵文形式的束缚，产生了以散文描述为主的小说。在近代语言的艺术中，作为评书演出的文字话本，这种书面语言艺术，在一定意义上说它是通过听觉的欣赏对象，但话本自身和小说没有根本的差别。然而评书演出的文字话本的素材、基础，就是民间口口相传的评书语言话本。

从小我是听妈妈、奶奶、姥姥讲的故事长大的。奶奶讲故事像念经一样，姥姥讲故事像吟诗一样，妈妈讲故事像唱戏一样。您们那动听的语音、优美的语调至今仍在耳畔回响。您们平常的笑容可掬和讲起故事来随着故事情节悄悄变化的面容，或神清气爽，或若有所思，或喜上眉梢，或情不自禁，或眉飞色舞，或意味深长，至今历历在目。您们的语言表达能力极强，形象的描绘、细腻的刻画、新鲜的语言、含蓄的哲理，让我如临其境，如闻其声，如见其人，回味无穷。其实这就是非文字的语言话本，是文字话本的语言艺术基础。最初我的爱好，变成了家里人的共同爱好，以语言艺术为中心的家庭故事会产生了。“妈妈、奶奶、姥姥故事会”是我们家庭语言文化的摇篮。摇篮把我培养成著名的作家，把我们全家都培养成了文学造诣很高的文学艺术爱好者。他们中间有作家，有翻译。特别是外孙钱啸程，他是全卫术传承人，具有全卫术六段的高功夫；毕业于美国哥伦比亚大学计算机科学专业，是高材生；他还高质量翻译了多部著作。从他身上可以看到我总结的人生、社会实践经验富于哲理的三句话的深刻性：文武不殊途、科文同思维、知识相转化。外孙女赵睿媛，虽然只有十一岁，但在文学艺术上，也取得了骄人的成绩。她是全卫术传承人，是小读者学堂《诗词栏目组》主播，是中国国际书画艺术研究会青少年会员。

随着我的年龄增长，文化程度的提高，母亲就把“妈妈、奶奶、姥姥故事会”主持人的位置让“贤”给了我，希望我能挑起把故事会继续发扬光大这副担子。我很高兴地接过了这个重任，誓把故事会做成代代相传的家庭文化。因而故事会增添了许多新鲜内容，如：诗歌朗诵、范文选读、命题作文、即兴填词等语言艺术类的内容，同时把故事会更名为“语言艺术学习欣赏会”。正所谓“诗可以兴、诗可以群”，左邻右舍、亲朋好友受到故事会的影响，纷纷前来参与，人数增多，人才涌进，从而使“语言艺术学习欣赏会”越办越红火。因我到首钢工作，不能按时按期参加“语言艺术学习欣赏会”，我就把主持人这个位置让“贤”给了我的妻子范德俊和妹妹赵秀萍。妻子也曾经教过 1969 届、1970 届毕业生，同时她还是学校地区文艺宣传队的骨干。妹妹赵秀萍也有高中的文化程度，她非常爱好文学。姑嫂的合作，使家庭更加和谐，事业更加兴旺，同时也使“语言艺术学习欣赏会”的影响进一步扩大，许多周围村镇的人们也参与进来。“语言艺术学习欣赏会”的内容也在进一步丰富，又增加了歌唱等音乐类的内容。“语言艺术学习欣赏会”是本地区一个最具影响的文学艺术盛会，对于参与的老一辈，是怀旧抒情、吟诗作赋、提高自己、帮带下辈的讲堂；对于参与的中青年，是学习他人、丰富自己、刻苦研读、实现理想的课堂；对于少年儿童，是听讲学问、育养自己、学习前辈、实现梦想的摇篮；对于文学艺术爱好者，是抒发自己、展示自己、学习他人、共同进步的平台。蓬勃发展的“语言艺术学习欣赏会”的场所容纳不了日益增长的参与的人们。当大家正在寻址找房的焦急当中，传来了坐落在北京东方全红体育健身中心内的“全卫术文学艺术茶社”成立的振奋人心的好消息。

“全卫术文学艺术茶社”是我的长女赵红雨和小女赵红

雪创始的。两人都是高材生，长女虽说是医科大学毕业，但受家庭语言文化的影响，特别喜欢文学艺术；小女本是大学语言文学专业毕业，受家庭语言文化的熏陶，更酷爱文学艺术。俩闺女老想继承好家庭文化，因而两人一拍即合，创始了“全卫术文学艺术茶社”。

“全卫术文学艺术茶社”共由三部分组成，一是全卫术文学艺术茶社，二是丰庆楼美食文化厅，三是观景平台。“全卫术文学艺术茶社”面积有四百多平方米，分上下两层，一层有接待室、休息室、品茶室，中央有一个演武厅；二层有文创室、阅览室、品茶室，中央有一个多用途文化艺术厅。二层北与丰庆楼连接，中间用隔音门隔开。丰庆楼美食文化厅融饮食文化与文学艺术为一体，总面积六百余平方米。门脸仿古建，内装饰雅致，艺术品琳琅满目，窗明几又净。二层南边与观景平台相接，同样用隔音门隔开。观景平台面积约一百平方米，观景平台主要是用来观景赏月、观操阅武之用，但也常常举办茶社雅集，开业之后接待无数中外宾客，而且还定期组织诗歌朗诵会、文笔创作会。每逢三八妇女节、中秋节、重阳节等节日，都会组织丰富多彩的庆祝活动，为传播中华传统文化作出了贡献。在母亲生前的那些日子里，凡是“全卫术文学艺术茶社”举办与家庭文化相关的活动，母亲都要亲自参加，看一看“全卫术文学艺术茶社”经营的红火状况，听一听家庭文化传承发展的锦绣前景。其实我们的家庭文化是以家庭语言文化为主线，串起武学文化、时尚文化、建筑文化、饮食文化为整个篇章的家庭文化薪火相传的画卷。为了感谢母亲的养育之恩、培养之情，我和妻子特意为母亲操办了一个中秋祝寿的庆祝活动。

在母亲八十大寿那年的中秋节，我们特意把母亲请到“全卫术文学艺术茶社”，我们全家人和徒弟们、职工们都陪着我母亲过这个团圆节，并安排了文学艺术表演。大家说说笑笑、其乐融融，母亲享受着天伦之乐，感慨地说：“咱们的家庭文化代代传承，儿孙们这么孝顺，事业又这么发达，我感到真幸福啊！”

节目表演完之后，我们大家一同陪母亲到观景平台落座，五个圆桌摆在观景平台上，圆桌中间摆着五个东来顺头号大锅子，锅子呼呼冒着热气，有时炭火蹿出锅子的烟囱，让人不自主地感叹日子真是红红火火啊！再一看桌子上摆满了羊肉、白肉、各种应时蔬菜，在主桌的旁边又摆了一个小圆桌，上面摆了各种月饼和水果，这是专门为老太太准备的赏月供桌。晚餐之后，我陪母亲坐在赏月供桌后的太师椅上，母亲抬头仰望，正值皓月当空。母亲站起身，兴致勃勃地走到了寓意祥和的雕花栏杆前，凭栏远眺，正是繁星满天。接着母亲又饶有兴趣地低头俯瞰，东方全红“绿色大花园”尽收眼底。此时，银色的月光洒满了静谧的大花园，与十几座花园灯交相辉映，夜空如此的宁静，那可正是普天下人们在享受中秋团圆饭的时光。大花园的南侧，是由四排超顸高大的杨树形成的长约三百米的绿色屏障，花园北侧是由六排花团锦簇的月季花组成的宽约五米的花卉观赏带。中区是由数十棵银杏树、多棵迎春、玉兰、桃树和绿草地、喷泉组成的健身、娱乐休闲小憩的宜人区。婆娑的树叶，随秋风轻拂，杨树叶绿水粼波，像荡漾的湖水；银杏叶金光闪闪，如滚滚的麦浪。当大家沉浸在审美感受的愉快之中时，传来了爆竹声声，夜空礼花飞腾，打破了宁静的夜空，迎来了千家万户庆祝中秋节的热潮。年年中秋，中秋年年，传统文化，文化传统，文化血脉，血脉文化，传承永远，永远传承。母亲拉着我的手，一同坐在太师椅上，母亲凝神沉思，仿佛心里正翻腾着历史的风雨，感叹人世间的沧桑巨变。看了这美好的自然，美好的生活，又听了阖家团圆、千里婵娟的声声点赞，母亲欣慰地笑了，笑得那么开心，笑得那么自然，是从心底发出的笑声！那是因为今天美好生活的硕果，是母亲带领全家人艰苦奋斗、努力实践，实现了几辈人想要获得的劳动成果。母亲是一位伟大的母亲，八十年的人生，积累了您对自身生活的美好意识，积累了审美感受和表达这种审美感受的方法和技巧，形成了母亲一生崇尚美、追求美、实现美的文化艺术发展理念。因而母亲的审美感受能力极强，这种特殊的心理能力，使您的想象非常丰富。其实我们家的发展蓝图，是母亲早已规划好了的，今天的劳动硕果，是母亲的观念中早已存在着的，您先知先觉地意识到，只有发展家庭文化，您才能看到家庭规划蓝图的实施，因为家庭文化承载着母亲观念的实现。母亲的家庭文化发展观开启了家族文化的新时代。此时，在场的人都争先恐后地陪母亲合影，都希望留下这常常念想的幸福时刻。我怕母亲累着，赶紧把母亲搀扶回家。大家又饶有兴致地饮酒、聊天、吟诗，直至深夜。

人们常说："人都有双重父母。"这句话的主要含义是，夫妻双方都要更尊敬对方的父母，这样家庭才能和谐。同时这也是天经地义的事理。我的岳母是一位伟大、坚强、乐观的母亲。您之所以伟大，是说您敢于冲破封建思想束缚，敢于打破旧有观念，誓把五个闺女抚养成人，而且把她们培养成社会有用的人才。您的大闺女范德贞，今年92岁，从她这个年龄可以想象到，在那个年代，把五个闺女抚养成人，谈何容易？需要付出多少艰辛？付出多少心血？由此可见，岳母的胸怀是多么的宽广，情操是多么的高尚！闺女们没有辜负父母的希望，让母亲乐观其成地看到了她们成为社会有用的人才。范德杰是护士长，范德英是小学校长，范德贤是优秀教师，范德俊是财务经理。为了践行人都有双重父母的事理，我和妻子为岳母在"全卫术文学艺术茶社"操办了一场高规格的生日宴会。八张圆桌上，菜品丰富，美食美酒，应有尽有，服务员用心周到，特别是为老太太组织了特护服务。老太太看着这么多晚生下辈围着您，轮番说着祝福岳母“福如东海长流水，寿比南山不老松”，老太太兴奋得流出了泪水，连声说：“好啊好啊，好幸福啊！”

三、时尚文化

我的母亲张淑芹，娘家住在城里。我姥爷原在北城开木材木器加工厂，家里生活殷实，母亲排行老小，因此，倍受家庭宠爱，从小学习文化，富有文化底蕴。青年时期，又受到 20 世纪 50 年代北京流行时尚文化的影响，母亲喜爱烫发、穿旗袍、穿高跟鞋等时尚文化，从而让母亲有了较高的艺术修养。结婚后在安外居住，因躲避战乱搬到我父亲老家——安外顾家庄村居住。虽然是城乡接合部，但在那时，还不太接受城市的时尚文化，因而母亲到周围村镇办事，都会招来许多好奇、羡慕的目光。毫不夸张地说，无论母亲走到哪，都是一道靓丽的风景线。在您的带领和影响下，城乡接合部接受了时尚文化的影响，周围村镇的女人们，也向着时尚的方向发展。母亲的时尚打扮是母亲美好心灵的体现，是审美意识极强的显现。母亲的家庭时尚文化，陶冶了我们的情操，让我们家族花甲以上的家庭成员，比实际年龄都看起来年轻了十岁，使我们的家族永远年轻，兴旺发达。母亲的时尚理念，其实就是追求美，美好的生活人人向往，时尚理念告诉我们，生活、工作、事业都要有一个艺术标准，都要向最美好的方向追求。母亲的时尚文化理念，在丰富多彩的日常生活中，进一步展现出来。

在我小时候，母亲就教我时尚整洁。夏天，在我每天上学之前，母亲就让我把小分头拢好。那时，白衬衫、蓝裤子，不能有褶皱，衣服扣子要扣齐；脚底穿的球鞋，不能有脏点。冬天，帽子要戴正，围脖要围好，鞋带要系紧。从那时起，我就有了穿戴整齐、整洁干净的好习惯。我是个男孩子，并且爱运动，摸爬滚打，捉对争跤，因此，撕衣服、扯袖子的事经常发生。不管这衣服弄得有多脏，撕得有多坏，母亲从不嗔怪。第二天，当我早晨要上学的时候，又有一身备用的干净的衣服、帽子摆在我的床边。因为母亲要把我培养成文武全才的家族接班人。更有意思的是，在上小学的时候，老师经常让我站在教室的前面，伸出双手，让同学们看看我的双手有多么的干净，指甲修理得有多么的整洁，我成为同学们学习讲卫生的榜样。

母亲爱好种花。庭院环境优美，花木繁多，院中间有一个花池子，里面有美人蕉、喜粉莲、茉莉花、指甲草、江西蜡、鸡冠花。四周有两棵石榴树、两棵柿子树。

母亲爱好听戏。在听、学的基础上，母亲还能扮演角色，上台唱评剧。母亲的嗓音音调很高，声音清脆，着实是非专业里的专业水准。

四、建筑文化

在人类的发展史上，建筑是人类将自然界改造得符合自己的需要而作出的一项重大创造。原始的建筑起着遮风避雨、防寒御兽的作用。随着物质技术的发展和社会生活的进步，建筑已经成为实用与审美相结合的艺术。我的父亲是一位具有严肃科学态度、严谨工作作风的公路桥梁工程技术人员。北京的公路桥梁，特别是在 20 世纪五六十年代，毫不夸张地说，北京公路桥梁的设计都浸透着父亲的心血。其建设都有着父亲汗水的结晶，特别是父亲较早地提出了关于把公路桥梁建设成实用与审美相结合的美化路、幸福路的新理念。

大家都知道，路最初是伴随着人类进行获取物质生活资料活动的脚步而产生的，是生存之路，或土路，或草路，或山路……随着社会生活的进步，生产力的发展，路现已发展成不仅能跑汽车，而且还能升降飞机的优质的锃光瓦亮的柏油路和坚硬平亮的水泥路。这是人类历史发展的必然。父亲的新理念，为北京的公路桥梁、美感建设作出了很大的贡献。公路犹如一条条锦绣的地毯，镌刻在祖国锦绣大地上，成为人们的幸福审美感受的亮丽风景。

从小时候起，我对民居建筑就特别感兴趣，每天睡在比较讲究的四合院里，望着房梁，看着窗户，心想：这房子到底是怎么建成的呢？我不止一次地问父母，请您们给我一个答案。虽然您们耐心细致地给我讲解，但我还是不懂，因为我太小了。从小时候开始，我就很高兴地干一些力所能及的房屋修缮的活，如搬砖、和泥等小工活。随着年龄的增长，就开始帮工干一些有点技术含量的活，看着瓦工砌砖、木工上梁，终于懂得了民居的房屋结构是怎么形成的，也懂得了瓦工、木工的一些技术标准，知道了怎么才叫好，怎么才叫美。成年之后，父亲开始向我讲授中国建筑的历史及有关的基本知识。为什么中国的古建筑给人飘逸优美的感觉，为什么北京的四合院给人以卓尔不群的清新感受。我听得入了神，心中萌生了自己将来也要建造独树一帜的四合院和优美建筑群体的梦想。家庭的建筑文化从此诞生了。随着社会经济的发展，我家的经济实力进一步提高，在父母的帮助下，多次新盖、翻盖高标准的四合院，建造起巧妙布局、优美和谐的建筑群体，实现了家庭建筑文化的发展。

五、饮食文化

中国是传统的烹饪大国，在中国人的心目中，美食有着重要的地位——“民以食为天”，这充分说明了中国人自古以来就有重视饮食的习俗，中国的饮食文化是对世界影响最为广泛、最为深远的传统文化，它独一无二，博大精深。说到饮食文化，就要有饮食文化的讲究，就要讲究宴饮之礼、待客之礼、进食之礼等规矩。宴席间，还要讲究文学艺术，特别是诗词歌赋，这是席间雅兴的主流。诗仙李白在席间曾有过《春夜宴从弟桃花园序》云：“幽赏未已，高谈转清。开琼筵以坐花，飞羽觞而醉月。”有这样的雅兴，才能使宴席徒增味外之味，盎然无比，这就是诗文言志、宴请吃请的宴席之道。同时还要懂得茶道，因为茶道是饮茶之道，是一种以茶为媒的生活礼仪，还是一种修身养性的生活方式，也是一种增进友谊、美心修德的仪式。

摔跤武术作为一项体育运动，追求更快、更高、更强，这就要求从事这项运动的人要有良好的身体素质和用之不竭的体能。这从何而来呢？当然必须进行严格训练，但如果没有科学的进食，一切都无从谈起，就如同飞行员必须有飞行员的食谱，潜水员必须有潜水员的食谱一样。摔跤武术家如果不懂得养生，怎么能有良好的身体素质？不懂得烹饪，怎么能有用之不竭的体能？我们家是武术世家，从来重视饮食文化，至今还收存着许多菜谱，如，由中国轻工业出版社出版的《大众菜谱》(1966 年 1 月第一版)；由中国旅游出版社出版的《仿膳菜谱》(1980 年 5 月第一版)；由上海科学技术出版社出版的《菜肴烹制技术》(1979 年 7 月第一版)；由经济日报出版社出版的《每日一菜》(1989 年 8 月第一版)；由湖南科学技术出版社出版的《湖南菜谱》(1980 年 6 月第一版)。我们家又是老北京人，老北京人大多爱吃，会吃，而且还会做，特别是在摔跤武术界，不乏烹饪高手。那时，经常有做厨师的亲戚朋友到我家切磋厨艺。因此我们家的烹饪既传统又现代，既飨受又文化。在那时，我们家经济条件较好，父亲在建设局工作，挣着较高的工资；家里有房有地，粮食、蔬菜、肉类自给自足；母亲从小在城里长大，各方面都很"京派"。因此，我们家在逢年过节时，不仅对于饭菜质量要求比较高，而且吃法也很讲究，过节有食谱，生日有菜谱。

大年三十：我们家都有吃铜锅涮肉的习惯。在 20 世纪五六十年代，能吃上铜锅涮肉算是很奢侈的事。那时老北京讲究吃白肉锅子，再配以鸡鸭鱼肉的各种菜肴，丰丰盛盛，红红火火，凸显家族兴旺。

正月十五元宵节：母亲都要亲手做自制的有特色的元宵。糖馅是由糖、花生、芝麻、青红丝、核桃仁、山楂糕等为主的果脯料等，和成不同的馅料蒸熟而成。然后把馅料铺在案板上，切成一厘米多点的小块。再把馅料放在盖垫儿上，拿到院子去冷却，第二天馅块就冻得非常坚硬了。一般在正月十五上午，就开始摇元宵了。先把馅块放在笊篱里，浸入水中，摇晃笊篱，使馅块均匀浸水，然后捞出，倒在预先准备好的底部铺了一层黏面子的笸箩里。此时，我就开始用笸箩前后摇动这些馅块，待粘裹上一层面之后，又要浸一次水，反复几次，元宵即可摇成。

八月十五中秋节：中秋节，是团圆节，也是丰收节（七月十五定旱涝、八月十五定收成），又气候凉爽，也是人们大快朵颐的季节。因此，各家的菜肴都很丰富，主食必须有馒头，馒头和月饼一样都是取“团团圆圆”之寓意。对于我来说，最让我回忆和向往的是母亲蒸的大白馒头和炖的红烧肉。大馒头是用自家小麦磨的面，磨面一般得磨四五遍，其中两三遍面是上好的白面。那时，全用老肥发面，并使用碱来调和酸碱度。特别是在揉面之时，是需要一定力度的，这个揉面的任务自然就由我来完成。于是我把练一次功的劲儿全搁在这个揉面上，不仅仅是“下手先插二百拳”，手和面紧紧地揉贴在一起，和谐地互动，只见面随着手劲儿在起舞。此时，我感恩大自然给人们的恩赐，认知到只有付出劳动才能享受到人与自然的合一。红烧肉使用上好的硬肋肉，把肉刮皮后切成小方块，然后用热水焯一下，倒在用油炒好糖的炒锅里翻炒，再放入适量酱油继续翻炒，然后放入少许磨碎的调料接着翻炒。待上色进味之后，倒入热汤，放入各种调料用旺火烧开。再倒入稍大的炖锅里继续用旺火炖，然后转入中火，再用小火慢慢炖到肉酥烂、汤将尽为止。

立春、二月二：立春、二月二，都要吃春饼（荷叶饼）。肉是选用肥瘦相间的上好肉，按照家里的酱肉方法酱好，酱出的肉颜色红亮，吃起来肥肉肥而不腻、瘦肉瘦而不柴；须提前发好绿豆芽菜，豆芽菜要长短适中、翠绿香甜；须提前炸好饹炸饸，饹炸饸的面皮使用稀豆面摊成，中间加上雪里蕻、胡萝卜、香菜、老咸菜疙瘩等，以及适合炸制的干鲜菜类。在当天，须把做春饼的面和得特软但可造型，然后把面醒好。再把酱肉切成长薄片上平盘；把炸饹炸饸切成长条上平盘；把松仁小肚切成长薄片上平盘；把多种肉肠切成长薄片上平盘；把大葱（阳季葱）切成长条丝上平盘，把自制黄酱蒸好后，和香油上小碟。此时，开始依次炒菜：炒扁豆丝（肉丝）、炒白菜丝（粉丝）、炒菠菜（柳叶肉片）、炒豆芽菜（粉丝少许）、炒蒜黄（肉丝）、炒木须肉（黄花、木耳、黄瓜、鸡蛋、柳叶肉片）、炒韭菜（鸡蛋）、炒三丝（胡萝卜丝、柿子椒丝、笋丝），再做应时蔬菜汤。在烙饼之前先把醒好的面揪成若干个小剂儿，然后分别抹上一层油，两个剂儿合一，用手上下按平，放在案板上醒好。待烙饼时，把合上的剂儿擀成能在饼铛上翻烙的饼片。当炒到第四个菜的时候开始烙荷叶饼，因为烙饼早了容易凉，且口感不好；烙饼晚了菜容易凉，如果再热菜就不是味了。所以炒第四个菜时就开始烙，时间正好合拍。这时，我开始擀烙饼，烙烙饼，但烙饼的火候必须得母亲看好才最佳。

生日宴会：生日宴会按照老北京的习俗，必须吃长寿打卤面。后来，又添新意。生日宴不但要吃长寿面，还要吃长寿丝。其实长寿丝就是拔丝各种水果等食材，因为甜丝拔出来以后，缠缠绵绵，有长生不老之寓意。

家宴菜谱：

一、凉菜：酱肘子、松仁小肚、冰糖藕球、金糕果品；

二、炒菜：肉炒扁豆、蛋炒蒜黄；

三、特色菜：

红烧狮子头、红烧黄鱼、酱爆鸡丁、宫爆虾仁、糖醋排骨、葱烧海参、软炸里脊、鸳鸯蛋、拔丝苹果、拔丝绣球。

父亲是老北京人，讲究亲手烹饪菜肴，讲究色香味形俱佳的美食宴，讲究美食宴的礼仪文化。父亲是当之无愧的美食家。

我受家庭的熏陶，酷爱饮食文化，烹饪水平很高。在首钢工作期间，常常以生活委员会主任的身份，参加首钢地区的饮食文化的各类比赛，担当主要评委。退休后，我又以一位美食家的身份开设了规模很大、层次很高的丰庆楼美食文化厅。

第三节
老辈栽培

（一）二舅爷张铁手（武林人称），是一代武术大师，他是深谙音律的二胡制作专家。他的“侍卫散手”中的躺地功夫堪称世间绝技，他的散手摔拿也有独到之处。他的武艺为保地方平安作出了贡献，受到当地的褒奖。他的二胡制作技艺也颇受好评，音色优美、音域广阔。同时他爱好京剧，是唱功很强的票友。他喜好书法，对书法艺术也有很深的造诣。其实，侍卫散手、乐器制作都要求有艺术的精准性，才能制作出可以发出优美声音的好作品，才能在武艺的实战中随心所欲。要想让武艺发出神妙之曲，没有几十年的功夫是不成的。他是将武艺、木匠、书法、音乐、戏曲、美食融为一身的大武艺家。

（二）恩师单世俊先生，是驰名中外的一代摔跤大师，又是身怀绝技的武术大师。他曾战胜日本柔道大师牛岛晨雄，在当时抗战期间着实为中国人出了口气，为民族赢得了荣誉。他不但跤技精湛，而且善使大刀、三节棍等器械。到外地鬻技时，常常以演练大刀、三节棍等器械招揽观众。他的演练出神入化，吸引了众多观众争相先睹为快，经常出现环立如堵的场面。在京城走狮子会当中多扮演少狮，耍将起来惟妙惟肖，翻滚腾跃，潇洒自如，美不胜收。特别是在东直门水厂的水塔上，表演倒挂金钟摘铃铛，使万名观众惊呼："天下绝技！"北京的民众颂他以"美跤、神功"之赞誉。在习跤练武之余，继承瓦工世家之手艺，他是建筑单位的技师，不仅精于民宅，而且颇晓古建，对烹饪也有很深的研究，结合自己的练功养生，总结出了一套练功食谱，对习跤练武人的膳食很有指导意义。他常和科学家、京剧名家、文艺名家交往，以求增强自己的文化素养。从而可以说，要想练成美跤，身出神功，不仅在撂跤上要有全国的水平，还要有各方面综合技艺。俗话说，武术加跤，越练越高，就是这个道理。他是将武艺、瓦匠技艺、民俗、表演、美食融为一身的大武艺家。

（三）岳父范连祥，是花丝镶嵌行当里的制作大师。花丝镶嵌属于实用工艺，实用工艺品大都出自民间艺术。虽然随着科学技术的发展，实用工艺品的制作也不断地革新、发展，虽然造型美也构成了魅人的艺术境界，但手工艺仍然具有机制工艺不可代替的美的独特性，它培养了人们的审美意识。他从小在实用工艺的行当里当学徒，后专攻花丝镶嵌。由于他的技术精湛，因此在实用工艺行里，颇有影响。他的精雕精神，精巧的手法，使精妙的作品很受工艺品爱好者的喜爱，同时受到商家的推崇。在 20 世纪五六十年代，其作品常常在北京百货大楼有售。他自幼念私塾，成绩优良，特别是书法有独到之处，后又在私塾教习毛笔字，在地区和工作单位都展示过其书法妙品。其实，干这个行当要有心灵手巧的自然禀赋，制作起来手疾眼快，要哪有哪，捏得住，拿得稳，要有很强的手力和指力。这力是由腰发出去的，灌到臂上，灌到手上，这样的力才刚柔相济，这与武艺的擒拿有异曲同工之妙。他从小学习散手擒拿，有自己的一套防身自卫的技艺。他是将技艺、擒拿、书法、美食融为一身的工艺大师。

作者赵全才的父亲赵深

作者赵全才陪母亲合影

作者为母亲祝寿

作者母亲与孙女、外孙合影

作者同夫人搀扶母亲

作者和三弟陪母亲合影

作者同夫人和“全卫术”传承人陪母亲合影

作者在花甲之年向母亲磕头谢恩

作者同夫人陪母亲合影

作者同夫人陪母亲合影

作者夫人和妹妹陪母亲合影

作者陪母亲合影

作者同夫人和妹妹陪母亲合影

作者同夫人和家人陪母亲合影

作者夫人和妹妹、家人向母亲敬酒

作者同夫人和“全卫术”传承人向母亲敬酒

作者夫人和来宾们给母亲祝寿

作者夫人和来宾们给母亲祝寿

作者岳母在北海留影

作者岳母在北海留影

作者夫人和姐姐们给岳母祝寿

作者夫人和岳母后代陪岳母走进祝寿大厅

作者岳母在生日宴会上

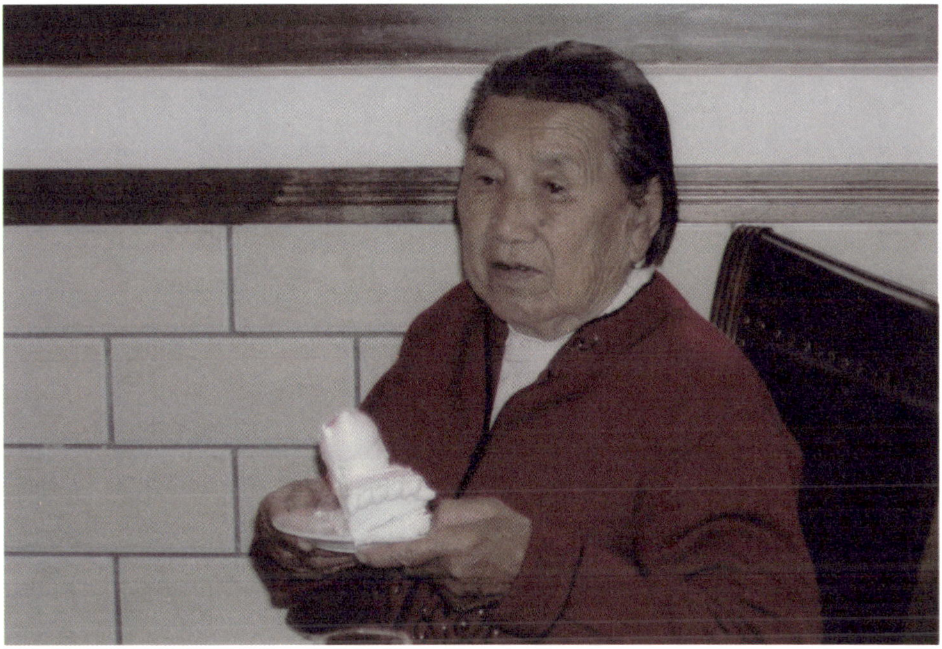

作者岳母捧着生日蛋糕留影

作者岳母在生日宴会上

作者岳母在生日宴会上享用生日蛋糕

作者岳母和五个女儿合影

作者岳母和五个女儿合影

作者夫人同姐姐们合影

第二章

中国武艺的起源与发展

作者在首钢炼钢厂职工代表大会上做报告

作者和首钢各级管理人员合影

作者在首钢武馆表演“全卫术”

作者在首钢武馆表演“全卫术”

作者在首钢武馆表演“鞭术”

作者在首钢武馆表演“鞭术”

作者在摔跤比赛中使用“别子”时（标准第一别）

作者在摔跤比赛中使用“别子”时（标准第一别）

作者在摔跤比赛中使用“别子”时（标准第一别）

作者在摔跤比赛中使用“别子”时（标准第一别）

作者在摔跤比赛中使用“别子”时（标准第一别）

作者在摔跤比赛中使用“别子”时（标准第一别）

作者和首钢各级领导观看摔跤表演

作者和首钢各级领导观看摔跤表演

作者和徒弟们在领奖

作者和摔跤世家、摔跤名家单子平，摔跤武术名家恩玉平与大赛组织者及参赛者合影

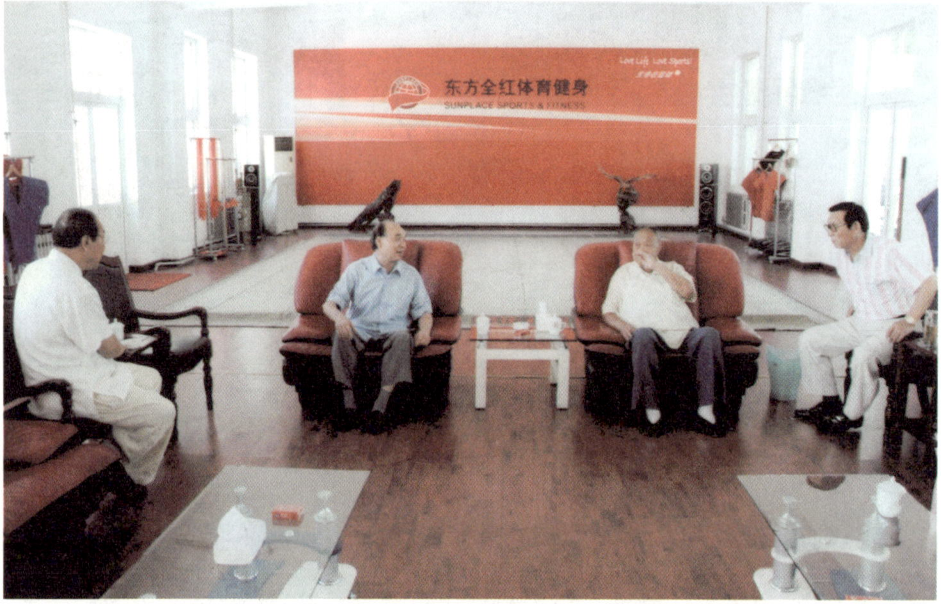

作者和一代摔跤大师杨宝和先生、摔跤世家摔跤名家单子平先生、
摔跤名家王全胜先生座谈

作者和一代摔跤大师杨宝和先生、摔跤世家摔跤名家单子平先生、
摔跤名家王全胜先生合影

作者和北京市老跤友联谊会会员合影

作者和一代摔跤大师杨宝和先生与前来参加《爱·好》一书出版发行庆祝会的摔跤武术名家合影（第一排左起：赵全明、双德全、单子平、赵全才、杨宝和、那振刚、李明元、王全胜）（第二排左起：董振锡、张德厚、董守本）

作者和一代摔跤武术大师王德英先生、摔跤武术名家双德全先生座谈

作者和一代摔跤武术大师王德英教授，与“北京市老跤友联谊会”的摔跤武术家们合影（第一排左起：韩铁梁、那振刚、赵全才、王德英、双德全、毛文忠）（第二排左起：赵全明、李明元、单子平、王全胜）

作者赵全才和陕西省摔跤武术名家季连成先生与摔跤武术家一起研讨中国式摔跤的传承发展

作者和一代摔跤武术大师王德英教授，与“北京市老跤友联谊会”的摔跤武术家们合影（第一排左起：毛文忠、双德全、赵全才、王德英、那振刚、韩铁梁）（第二排左起：董振锡、赵全明、王全胜、单子平、李明元）

作者小女赵红雪在北京东方全红体育健身中心有限责任公司开业典礼上致辞

作者长女赵红雨热情接待前来参加北京东方全红体育健身中心有限责任公司开业典礼的来宾

作者和地区领导、嘉宾在北京东方全红体育健身中心有限责任公司开业典礼的主席台上

作者和地区领导、嘉宾一起为北京东方全红体育健身中心有限责任公司开业典礼剪彩

作者在东方全红体育健身中心摔跤武术馆表演“跤术”

作者在东方全红体育健身中心摔跤武术馆表演“全卫术”

作者在东方全红体育健身中心摔跤武术馆教授“全卫术”

作者在东方全红体育健身中心摔跤武术馆教授前来采访的北京电视台记者“全卫术”

作者在东方全红体育健身中心摔跤武术馆教授“女子防卫术”

作者在东方全红体育健身中心摔跤武术馆教授“女子防卫术”

中国武艺，包括跤术、武术和军事武艺，它们都起源于原始社会。在这本书中只介绍中国跤术，因为中国跤术是人类与生俱来的生存本领，是一种放下兵刃后的徒手竞技武功，又是随着人类社会发展而不断升华的一项融技击防卫、健身娱乐、文化艺术为一体，最大程度发挥肢体技能的传统体育运动。

武术在原始社会，“充其量是个胚胎”。“武术”作为一个名词，目前史料中最早见于南朝人颜延之的《皇太子释奠会作》，其曰：“偃闭武术，阐扬文令”，但文中的“武术”乃指军事而言。作为一个属于体育文化范畴、并包含多种价值功能的技艺名称，“武术”一词大约起于清末。1908 年 7 月的《东方杂志》第 6 期上引载了同年 7 月 2 日《神州日报》的一篇文章，文章名曰“论今日国民宜案旧有之武术”。文中作者见到当时国事荏弱，因而呼吁“欲求强国，非速研究此术不可”。这是目前所见到的最早记载，此前有否，尚待新资料的发现。在相当长的历史时期内，被后人称为“武术”的人体活动方式，史料中记作“技击”，或通称为“武艺”，有时又写成“技勇”等。民国时期，普遍采用“国术”“武术”两词，到了中华人民共和国成立以后，“武术”

之名才成为一个固定的概念（摘自《中国武术史》）。

军事武艺在原始社会后期才有了雏形。清末，火器在军事战场上已得到广泛的应用。“武举制”在 1901 年清廷正式下令废止。延续了 1200 年的“武举制”的废止，宣告了军事武艺已经结束。

综上所述，从某种意义上说，中国跤术在一定程度上有其代表性，中国跤术起源甚古，在这里只能按照历史进程，有侧重地进行简单的述评。

第一节
中国跤术的起源

在原始社会初期，人类为了生存，主要通过狩猎这种主要生产生活方式来获取生活资料。因为那时，“人民少而禽兽众”(摘自《韩非子·五蠹》)，而且生产力极为低下，因而他们只能依靠徒手技能，那不外是拳打、脚踢、薅拿、抡摔、按、抱、压等动作，来捕杀野兽以获取生存生活资料。许多原始艺术可以证明，许多文字资料都有相应的记载，这就是人类为了生存最初的搏杀技能。随着社会的发展，原始人群为了争夺生产生活资料，经常发生争斗。《吕氏春秋·荡兵》中说，未有蚩尤之时，“民固剥林木以战矣”，又说，“争斗之所自来者久矣，不可禁，不可止”。在原始社会后期，形成了氏族部落，各个部落之间，为了争夺生产生活资料，战争不断，原始先民们这种搏杀搏斗的技能，就是中国跤术的萌芽。按古代跤术理论家调露子所撰的《角力记》论及摔跤一文说：“……人生之气犹大泽焉，平时沙弥焉，大风鼓之巨浪起（若人之忿），小风吹之细文生（若人通悦）。若角力之气，中等风作波浪摇也，非适非小，大近于怒，小存于嬉，竞力既角技，非嬉非怒，此角力是两徒搏也。”意思是说：刮大风如海起巨浪，好像是人忿怒要打架；刮小风如同轻爪弱牙互相随便打闹着玩，而摔跤既不是急了打架，也不是随便嬉逗，而是双方郑重其事地比气力和比技巧，看谁能把对方摔倒。直到今天，摔跤运动也还依然保持着上述的涵义和风格。（摘自《中国跤术》）

第二节
中国跤术的发展

在商周时期，社会上仍保留着人与兽搏杀的原始遗风，这主要是有些奴隶主、贵族的田猎消遣活动，而不是人们为了获取生活资料所为。《史记·律书》上记夏朝的桀王和商朝的纣王能“手搏豺狼，足追四马，勇非微也”。另外，《诗经》上云：“袒裼暴虎，献于公所”，《毛传》释：“暴虎，空手以搏之。”在周代，已有了人与人相搏的记载。春秋时期，角力是一种军事训练手段，《礼记》上记：“孟冬之月，天子乃命将帅讲武，习射御、角力。”而手搏这种体现徒手搏斗的活动，也在发展成熟着，到春秋战国时代，手搏已经成为一门很成熟的搏击技能。

秦统一六国后，“车同轨，书同文”，角力活动正式更名为“角抵”，并把它列入了百戏之内，还将其作为军中正式的训练科目，从而使民间的摔跤活动也有了广泛的开展。1975 年在湖北江陵县凤凰山秦墓出土的木篦上，发现有古代摔跤的画面，画面上共有三个人，均为男子，其中一个是裁判，从三人的动作神态上看，比赛场面逼真，气氛紧张、热烈，反映出当时摔跤活动在秦朝已有相当的发展，纯粹军事需要的摔跤已发展成为亦可竞技的体育活动。

汉朝官方每年都要举行大规模的摔跤比赛和各类的摔跤活动，参赛者、观赏者众多，特别是在阳春三月，竟能形成三百里皆观之的壮观盛况。由于生产力的发展，在民间也随处可见摔跤的场景。在陕西省长安客省庄汉墓出土的铜牌上面就镌刻着一幅相扑图，上面有两个农民打扮的男子在树下抱摔，旁边还有载有赌物的马匹，这就是一个很好的例证。由此可见，在汉代，摔跤的竞技、娱乐作用凸显出来，同时也促进了摔跤技巧的进一步提高。

三国时期，魏国曹操曾大力提倡角抵，用于练兵，并将其列入百戏之内。蜀国在官方支持下，民间摔跤活动开展得轰轰烈烈，更把摔跤作为军中的练兵手段和战时休整期间的娱乐方式。

到了晋代，由于官方支持，将本来就比较兴旺的摔跤活动推向了一个高潮。据调露子记载："……五陵鄱阳、荆、襄之间，五月盛集水嬉则竞渡，街坊相攒为乐。"由此可见当时观者如堵，巷无居人的盛况。摔跤的名称由于地域的不同叫法也不尽相同，例如：角力、相扠、相搏、手搏、相扑等，从这些叫法可以看出，虽然角力内容和规则基本相同，但各地区都有自己的特点和绝招。因此，常有相隔千里的摔跤名家互邀比赛，这样相互取长补短，使得摔跤技术有了进一步的提高，这点在《晋书》上也有论述："……角力则角量力，其取工巧钝拙分其胜负，故谓之角力。角校力是也，然则名言有雅、有俗。雅则为相摜，俗则为相扑。"这就说明摔跤不仅仅是角力量，常常是以工巧钝拙来分胜负，可见摔跤技术在比赛中的重要作用。由此可以说明晋代摔跤技术已达到了一定的水平。

隋朝的摔跤活动更加兴盛。几乎各地区都有较正规的摔跤比赛，摔跤比赛常常形成观者如潮、商贾云集的热烈场面。有的地区甚至每逢节日必做角抵，端午节民间常做化装角抵。在西京，每至正月华夏名跤手常云集于此，进行为时一个月的角抵夸竞。由于摔跤的盛行，有的地区消费支出过大，致使当时侍郎周人上书朝廷，要求限制规模，抑制支出过快增长。可以说，在隋朝，摔跤技术已经有了进一步的发展。

唐朝诸皇帝都喜欢观赏摔跤，唐庄宗更是一名摔跤高手，常常与王都等摔跤名家角抵并屡屡获胜。由于皇家的重视，使得唐代涌现出一批较为专业的摔跤手，同时也出现了许多摔跤名家，如李存贤、蒙万赢、李清洲等，这些摔跤名家各个身怀绝技，他们不但比输赢，更比谁的动作快，并且干净利落，努力追求完美。因而在唐朝时摔跤技术得到了较大的发展。唐代角抵的两种形式——摔跤和散打，在敦煌莫高窟藏经洞壁画中有所体现。

宋代，官方把摔跤作为宫廷内的比赛和表演项目，并设有专门的相扑组织和管理、训练、比赛的军头司，对相扑手定有选拔、考核、晋升的赏赐制度。在民间也出现了许多较为正规的社团组织，如“角抵社”“相扑社”“争交社”等，并设有较为固定的活动场所和比较正规的比赛规则。相传为了纪念民族英雄岳飞，在忻县、定襄等地区就设有“挠羊会”，每年都举行挠羊赛，用一只大肥羊作为奖品，一直延续到现代，同时在宋代也有女子摔跤比赛。名著《水浒传》第七十四回“燕青智扑擎天柱”中，就绘声绘色地描述了燕青智扑擎天柱的热烈场景，使人们感受到了宋代摔跤运动的兴盛。可见宋代的摔跤技术已经有了很大的发展。角抵在宋代又称“争交”或“角力”。其形式仍沿用前代，既有摔跤又有散打。

明代，由于官方设有专门研究摔跤技术的机构，因此使摔跤理论得到了进一步的发展，从而使摔跤技术进一步提高。明朝把相扑列入了六御之内，为军种训练的武艺，从明朝万历年间出版的《万法宝全》一书中所绘相扑图样也可以看出，当时摔跤之风更加盛行。由此可以说明，摔跤运动在明代从实战、技术到理论都取得了空前的发展。

清代，由于官方的提倡，民间的普及，把摔跤技术推到了一个较高的水平。官方在领侍卫府就设有“相扑营”，后称为“善扑营”。“善扑营”有摔跤手三百余人，均由八旗各部选拔组织，他们是摔跤高手，由都统管辖，下设翼长。“善扑营”分左右两翼即东西两营，东营在北京交道口南大街大佛寺内，西营在北京西四北小护国寺内。他们平时担当宫中侍卫，御试武进士时充当执事，并随皇事充当护卫。这些跤手俗称“扑户”，共分为四个等级，按等级给予俸薪。这些跤手在农历腊月二十三、腊月二十九等重要节日都要在养心殿、储秀宫中做摔跤表演，并与蒙古等外客跤手进行摔跤比赛，并且必须得胜，赢者给予奖励，常优胜的名跤手都被御赐为余布库，如当时的关文连（关文爷）、祥德全（大祥子）等，他们都是身怀绝技的著名跤手。

在民间，特别是京城，摔跤已经成为群众喜闻乐见的娱乐互动和竞技运动，在春节、中秋节等重要节日和民间各种喜庆活动中，都会举行摔跤比赛和表演，观者如云，万人空巷。

辛亥革命以后，“善扑营”的扑户们流落民间，以卖艺、授徒为主要生计，如：右翼扑户王三，就在什刹海等地摔跤卖艺，这种鬻技生存的方式拉开了京城撂地跤场的序幕，至此，扑户们就把宫廷的摔跤技艺传到了民间，与民间传统的摔跤技艺相互融合，使摔跤技术达到了很高的水平，更突出了它竞技和娱乐的功能。虽然军阀混战，倭寇侵入，给摔跤运动的发展带来了不利的影响，但阻止不了民族传统运动在民众之中的普及和发展。在民间，特别是京城，摔跤运动非常盛行，是群众喜闻乐见的主要运动方式之一，特别是这项运动能充分体现自强不息、不堪外辱的民族精神，它向世人昭示中国人不是东亚病夫！例如：以一代跤师单世俊、孙文为代表的中国跤界，在与日本柔道界牛岛晨雄等高手的首场比赛中，以绝对的优势战胜了牛岛晨雄，使在场的民众感到扬眉吐气。

这些民间摔跤高手酷爱中国式摔跤，在极其困难的条件下，为了继承摔跤技艺，毅然坚持苦练。为了生存，其中有些摔跤高手因生活所迫设跤场卖艺，在当时最为闻名的有：北京的沈友三、宝善林、熊德山、单世俊，天津的张魁元、张连生，上海、南京的宋振蒲、田玉荣、赵云亭，沈阳的徐俊青，济南的佟顺禄，张家口的洪立厚等，这些跤师深受当地民众的喜爱，他们为继承和发展中国摔跤运动起到了相当重要的作用。

中华人民共和国成立后，传统的中国跤术获得了空前的发展，摔跤技术提升到了一个更高的水平。中国式摔跤还被列为全国运动会的正式比赛项目。

北京的优越自然条件，成为中国历史上最大的城市。它经济发达、交通便捷，具有浓郁的文化气息。同时又以它800 年的京都历史，成为中国政治、经济、文化的中心。这就为传统的摔跤运动的发展，提供了最为适宜生存和发展的条件。追溯历史，据文字记载，北京成为传统摔跤艺术最为兴盛的城市，已有1000多年的历史，可以说北京的摔跤在相当长的时间内，代表着全国最高水平，北京是近代中国式摔跤的发祥地。那时，在城市的大街小巷，在村镇的田边场院，都能听到聊摔跤的，也能看到练摔跤的，特别是近年来，中国式摔跤以它鲜明的民族特色，同时又以它手法变幻莫测、技法精湛巧妙、动作完美潇洒的独特魅力，备受世界各国人民的喜爱，因而目前在法国、美国、德国、瑞典等国家都有了一定规模的发展。他们不但有摔跤组织，而且，法国以东道主的身份举行定期的中国式摔跤世界邀请赛。传统的中国式摔跤运动随着祖国的繁荣昌盛，正在取得更大的发展。我们深信，随着祖国的国际地位日益提高，中国式摔跤将成为世人瞩目的世界体育项目。这根植于中国传统文化的百花园中的奇葩，将会更加绚丽夺目，绽放出独特的光彩。

第四章 全卫术技术方法（实用招术）集锦

第一节
竞技武功六强九段

跤场内外曾经有这样一个俗语："撂跤的绊子就是多！多得大绊子三千六，小绊子如牛毛……"这个说法也许太夸张，但它充分反映出中国跤术的绊子确实很多。因为中国跤术属于徒手竞技武功。因为是徒手，更讲究力与巧相从；因为是竞技武功，更讲究文武相途，美善相一。所以它的技术方法，种类繁多，非常丰富。全卫术是一门现代竞技武功，因此，它的技术方法（实用招术）种类也非常多，共计有三百二十个技术方法（实用招术）（含地躺，不含器械）。全卫术不但重视它的技击性、竞技性，更重视它的文化艺术性。顺应历史发展，全卫术一直把"四美"的文化艺术发展理念贯穿于全卫术的蓬勃发展之中。因此，全卫术的实用技法也呈现出极强的鲜明特征：科学性强、实用性强、观赏性强、艺术性强、文化性强、自然性强（即六强）。其实这六强就是全卫术发展的三个不同阶段（初级、中级、高级）。

每个级段又都释放出三个段位，共计九个段位。

一、初级阶段：

它的主要标准是科学性强、实用性强。

它有三个段位，即一段，强身健体；二段，防身自卫；三段，见义勇为。

要想达到级段的标准，须达到功底瓷实、动作标准、技术熟练、抗暴匡助。

因为全卫术的技术方法（实用招术）都是经过科学论证、实践印证的真功夫，只要达到这个标准，就能使习练者有见义勇为、抗暴匡助的本领。

二、中级阶段：

它的主要标准是观赏性强、艺术性强。

它有三个段位，即四段，竞技比试；五段，娱乐身心；六段，培养美感。

要想达到级段的标准，须达到技艺精湛、勇夺桂冠、招术独特、随心所欲。

在勇夺桂冠的基础之上，进一步精益求精，有自己的绝招，手、眼、身法、步，精、神、气力、功，八法高度统一，就能够练就观赏性很强，甚至是艺术性很高的实用技法。

三、高级阶段

它的主要标准是文化性强、自然性强。

它有三个段位，即七段，陶冶情操；八段，修身养性；九段，文武相途。

要想达到级段的标准，须达到武艺高超、炉火纯青、出神入化、游刃有余。

在随心所欲的基础上，力图达到武艺高超、炉火纯青的程度，运用起来出神入化，达到游刃有余的自然境界，就能领悟到天人合一的文化高度，道法自然的本然意义。

要想达到六强，练到九段，还必须懂得六个哲理：力与巧相从；刚与柔相济；技与艺相和；形与神相通；文与武相途；善与美相一（即六相）。

力与巧相从：一力降十会，一巧破千斤。

刚与柔相济：一刚发必中，一柔泄必化。

技与艺相和：一技能夺魁，一艺才赢人。

形与神相通：一形迷众人，一神定乾坤。

文与武相途：一文高素质，一武高功夫。

善与美相一：一善行天下，一美神韵扬。

全卫术的爱好者，按照这九段，勤学苦练、不断登攀，就能共飨到全卫术给人们带来的武艺上的高功夫：出神入化（神外之曲、化外之音）；文化上的高格调：京文京格（文外之美、格外之雅）；艺术上的高品位：京韵京味（韵外之致、味外之旨）；精神上的高境界：真、善、美、德（真中有善、美中有德）（即四高）。

第二节
全卫术九个段位技术方法明细

全卫术九个段位应该学习掌握的技术方法（实用招术）明细如下：

一、科学性强，实用性强

第一段位招术（强身健体）：
里拿耙，外拿踢，小缠丝腕，大缠丝腕
左摇踢，右摇崩，顺手牵羊，力劈顽石
第二段位招术（防身自卫）：
提臂掏，砸臂耙，顺臂穿，智深推山
靠山炮，推臂磨，缠磙指，大绞丝
第三段位招术（见义勇为）：
左臂花，右臂花，左缠肘，右缠肘

磨推膝，关公脱袍，指东打西，探海

二、观赏性强，艺术性强

第四段位招术（竞技比试）：
大拿踢，大拿肘，大拿崴，里手豁
架梁脚，手别，小得合，掏腿
第五段位招术（娱乐身心）：
踢桩，砸桩，别桩，双臂花
转崩，转手，掐谷，掏井
第六段位招术（培养美感）：
盖步别，跳别，大拿搓别，过腿别子
抽腿背步别，抽腿手别，离腰别子，反挂门钩

三、文化性强，自然性强

第七段位招术（陶冶情操）：
上拿踢，横腿别，肘空柱，翻手豁
上拿撮，掀肘空，摇车脚，拨糖棍
中拿踢，抹脖脚，手豁，支臂别

中拿撮，扦别，外搂刀，手脚别

第八段位招术（修身养性）:

左捯臂弹，左捯臂掏，右捯臂别，右捯臂崩

左拧臂撮，左拧捂撮，右拧臂崩，右拧臂管

左车轮拧，上步手别，右滑步拍，上步拿踢

左屈补踢，撤步兜踢，右落步脚，上步刀打

第九段位招术（文武相途）:

排山倒海，破釜沉舟，打闪纫针，海燕戏水

顺藤掰瓜，拧麻花，流星手，飞摆莲

左抖鞭，右抖鞭，双左抖鞭，双右抖鞭

左右开弓，双解臂花，荡秋千，扫地风

第五章

全卫术传承发展简况

作者小女赵红雪在《全卫术》一书出版发行庆祝会上致辞

作者小女赵红雪代表作者向前来参加《全卫术》一书出版发行庆祝会的来宾们表示欢迎

在《全卫术》一书出版发行庆祝会上，全国健美协会秘书长讲话

作者和地区、专业领导在《全卫术》一书出版发行庆祝会的主席台上

作者在《全卫术》一书出版发行庆祝会上

作者在《全卫术》一书出版发行庆祝会上签名赠书

作者在教授徒弟们“全卫术”

作者在教授徒弟们“全卫术”

作者好友刘先生在《爱·好》一书出版发行庆祝会上，
以书法作品的形式向作者赠贺赞语

作者和主席台上的嘉宾向“全卫术”传承人授书

作者徒弟洪建华在《爱·好》一书出版发行庆祝会上发言

作者徒弟王超在《爱·好》一书出版发行庆祝会上发言

“全卫术”传承人手捧《爱·好》一书合影

“全卫术”传承人手捧《爱·好》一书合影

参加《爱·好》一书出版发行庆祝会的来宾们

参加《爱·好》一书出版发行庆祝会的来宾们

参加《爱·好》一书出版发行庆祝会的来宾们

参加《爱·好》一书出版发行庆祝会的来宾们

参加《爱·好》一书出版发行庆祝会的来宾们

作者长女赵红雨在《道·路》一书出版发行庆祝会上讲话

作者小女赵红雪在《道·路》一书出版发行庆祝会上向来宾们致意

作者在《道·路》一书出版发行庆祝会上和嘉宾们握手

作者同夫人在《道·路》一书出版发行庆祝会上

作者和嘉宾、“全卫术”传承人合影

作者同夫人和“全卫术”传承人合影

作者和嘉宾向“全卫术”传承人授书

作者徒弟张金锁在《道·路》一书出版发行庆祝会上发言

作者和长女赵红雨和来宾们在一起

作者和小女赵红雪和来宾们合影

作者和长女赵红雨在《道·路》一书出版发行庆祝会上

作者长女赵红雨和小女赵红雪和来宾们合影

作者小女赵红雪在《全卫术之秘籍》一书出版发行庆祝会上讲话

作者和嘉宾、“全卫术”传承人合影

作者同夫人和“全卫术”传承人合影

作者和首钢老友在《全卫术之秘籍》一书出版发行庆祝会上

作者徒弟高勇在《全卫术之秘籍》一书出版发行庆祝会上发言

作者徒弟赵亮在《全卫术之秘籍》一书出版发行庆祝会上发言

作者徒弟在《全卫术之秘籍》一书出版发行庆祝会上演练“全卫术”

作者徒弟在《全卫术之秘籍》一书出版发行庆祝会上演练“全卫术”

作者徒弟在《全卫术之秘籍》一书出版发行庆祝会上演练“全卫术”

作者徒弟在《全卫术之秘籍》一书出版发行庆祝会上演练“全卫术”

作者徒弟在《全卫术之秘籍》一书出版发行庆祝会上演练“全卫术”

作者徒弟在《全卫术之秘籍》一书出版发行庆祝会上演练“全卫术”

作者徒弟在《全卫术之秘籍》一书出版发行庆祝会上演练“全卫术”

作者徒弟在《全卫术之秘籍》一书出版发行庆祝会上演练“全卫术”

作者和来华学习“全卫术”的比利时大学生合影

作者和小女赵红雪为来华学习“全卫术”的比利时大学生授课

作者在教授“全卫术”的实用招术

作者向习练出色的比利时大学生授书

作者在教授“全卫术”的基本功

作者在教授“全卫术”的基本功

作者在教授“全卫术”的实用招术

作者在教授“全卫术”的实用招术

作者在教授“全卫术”的鞭术

作者在教授“全卫术”的棍术

作者在教授“全卫术”的实用招术

作者小女赵红雪向比利时大学生讲授“全卫术”

作者小女赵红雪在河北全卫术现代武功竞技文化培训中心学员
来总部年度考核时讲评

河北全卫术现代武功竞技文化培训中心总教练霍彪在来总部年度考核开始时讲话

河北全卫术现代武功竞技文化培训中心学员来总部年度考核时考官
（左起为：张金锁、夏玉生、洪建华）

河北全卫术现代武功竞技文化培训中心学员来总部年度考核时考官
（左起为：张金锁、洪建华、夏玉生）

作者小女赵红雪向获奖学员颁奖

作者小女赵红雪向获奖学员颁奖

作者小女赵红雪在观看学员们表演“全卫术”

霍彪总教练带学员到东方全红摔跤武术馆参加年度考核

东方全红体育健身中心摔跤武术馆副总教练夏玉生和教练赵亮向学员们颁奖

霍彪总教练和河北全卫术现代武功竞技文化培训中心来参加年度考核的获奖学员合影

河北全卫术现代武功竞技文化培训中心总教练霍彪和老师们合影

河北全卫术现代武功竞技文化培训中心总教练霍彪向老师们讲解什么是“全卫术”

河北全卫术现代武功竞技文化培训中心总教练霍彪和老师们合影

河北全卫术现代武功竞技文化培训中心总教练霍彪和老师们合影

河北全卫术现代武功竞技文化培训中心总教练霍彪向老师们讲解什么是“全卫术”

河北全卫术现代武功竞技文化培训中心总教练霍彪向老师们赠书

河北全卫术现代武功竞技文化培训中心总教练霍彪向老师们教授“女子防身术”

河北全卫术现代武功竞技文化培训中心总教练霍彪向老师们教授“女子防身术”

北京东方全红体育健身中心（始建初景 2001 年）

北京东方全红体育健身中心

第一节
全卫术传承发展各个时期概况

1966年以前：习跤练武、技艺超群、自成风格。

在家庭尚武精神的熏陶下，在社会“发展体育运动、增强人民体质”的大环境下，我从小不但喜爱摔跤、武术，也非常爱好现代体育运动项目，成为摔跤武术家和现代体育专家，是我少年时期的梦想。因此，我一边勤学苦练摔跤武术，一边从难从严要求自己参加各种现代体育项目的训练。虽然现代摔跤、武术都属于体育范畴，但它毕竟是一个特殊的体育项目。体育成绩的不断提高，为我习练摔跤武术这个特殊的专项体育运动，提供了更加良好的身体素质条件，因而使我习跤练武的水平提高很快。由此可见，一般的体育运动和摔跤武术运动是相得益彰的，因为它们都是充分发挥肢体技能的体育运动，从某种意义上来说，体育运动素质越高，习练摔跤武术的潜质就越强。

1966年到1969年：文化积淀、理论孕育、催生成就。

摔跤武术是中华民族优秀传统文化的重要组成部分，它不是一个纯粹的体育项目，也不是一种简单的肢体运动，而是一种文化形态。因此，想要成为摔跤武术大家，就必须得有“文化”，这里所说的“文化”，不是专指文凭而言，而是指传统文化整体素质而说。多年来，我按照摔跤武术家如何成为大家这个逻辑产生的理论，不断地增强文化素养，提高文化素质。也就是说，不仅要精通武功中的踢、打、摔、拿，还要读懂文学中的诗、词、歌、赋，达懂礼俗中的拱、揖、拜、寿，知懂烹饪中的煎、炒、烹、炸，会懂茶道中的沏、泡、品、华，学懂学问中的兵、哲、医、史，识懂艺术中的琴、棋、书、画，听懂声乐中的吹、拉、弹、唱。因为这个“一精通、七懂得”是增强传统文化素养的主要成分，是提升传统文化素质的特大动能，所以，应该逐一弄懂、搞通。通过弄懂、搞通“一精通”“七懂得”，我的整体文化素养更加丰厚，我的传统文化整体素质得到了极大的提升，迸发出创造成就的动力和能力。

1969年到1976年：全卫术创始问世、实践检验。

二十年来习跤练武的实践，为我自然形成摔跤武术独特风格打下了基础。这种风格到底叫什么呢？它的概念、定义是什么呢？从表面形式上看似摔跤，那么就叫“散手摔”好吧，但它又像擒拿，故此改叫“摔拿术”更为贴切。但这都是或以运动的形式，或以技击的方法来定义的，都不足以表达它的文化内涵和艺术价值。

历史上任何一个摔跤武术门派的形成，它的创始人必须是摔跤武术名家，但不是所有的摔跤武术名家都能够创立新的摔跤武术门派，因为任何摔跤武术门派的形成，不仅和社会环境、自然环境、文化环境、人文环境等外在客观条件相关，同时更和创始人的父母遗传、家庭熏陶、性格爱好、身体状况、成长环境、文化素养、社会实践、意志品质、悟道能力、人格魅力等内在主观因素相关。这些客观的条件，正是我独特风格武艺的文化内涵和艺术标准。而且，任何的摔跤武术门类都是为人民服务的，都有着保卫人民的基本责任，也就是说要全心全意为人民服务，一心一意地保卫人民的利益，从这个意义出发，那么这一独特风格的武艺就应该叫作“全卫术”，它更能体现这种独特风格武艺的存在价值和宗旨。

“全卫术”从问世到全面推出的三年里，先后在以顾家庄习跤练武场为中心的位于朝阳区、海淀区等地的十余个习跤练武场和以首钢习跤练武场为中心的位于石景山区、房山区、门头沟区等十余个习跤练武场进行实战招术的检验，通过数百个“全卫术”爱好者之间的切磋试手和竞技比赛，充分印证了“全卫术”的实战招术，是中华武功的重要技击方法之一，是武术徒手搏斗技击方法之精华的组成部分。

1976年到1995年：全卫术授徒教学、推广传承。

为了传承发展“全卫术”，我采取了多开练武场、多收高素质弟子、多教高文化学生和多写有关这些成就的文学作品与专著文章的战略方针；在教学方法上，我采取了普及与提高相结合、教学与职业相结合的做法；在教学授徒上，我亲自讲学、亲自示范、亲自督练。同时对弟子、学生们进行“传统文化为安身处世之本，现代才艺是创造成就之源；为国为民争当民族英雄，爱家爱岗要做和谐模范”的思想教育。因而培养出许多能文能武、多才多艺、出类拔萃的人才，他们在各个岗位上都是佼佼者。

1995年到2001年：全卫术口传心授、竞技传扬。

首钢武馆、跤馆的创立，标志着“全卫术”和“神州跤术”的传承发展上了一个新台阶，进入了一个新阶段。

首钢武馆开办在“工人之家”内，“工人之家”建筑面积约为八百平方米，训练面积约一百五十平方米。后首钢摔跤散打协会也设在这里。

经上级批准，首钢成立了摔跤散打协会，我荣幸地担任了摔跤散打协会会长。首钢为“首钢摔跤散打协会”的成立举行了隆重的庆祝活动，首钢各级领导都出席了庆祝活动，石景山区和沈阳摔跤协会的摔跤名家也前来参加庆祝活动。庆祝活动不仅进行了精彩的摔跤武术表演，而且还有丰富多彩的文艺活动。值此庆祝活动，我正式宣布成立“首钢‘全卫术’培训班”和“首钢‘全卫术’实战表演队”，至此，首钢武馆成为传承发展“全卫术”的培训基地。我利用这块培训基地，不仅培养了大批首钢“全卫术”的爱好者，同时也培养出北京其他地区甚至外省市的“全卫术”爱好者。在普及的基础上，为了更好地提高“全卫术”习练的水平，推出习练“全卫术”的优秀人才，我在首钢武馆举办了“首钢全卫术实战大赛”“北京全卫术套路表演赛”和“首钢散手实战赛”。同时，还经常和全国各地的习跤练武者进行切磋比试。

首钢跤馆成立后，首先举行了“首钢第一届钢花杯中国式摔跤大赛”。这次的摔跤大赛公司各级领导都非常重视，成立了以主要领导为负责人的组委会，并拟订了一个详细的组织方案，大赛组织方案由我具体负责落实实施。

此次摔跤大赛，从各级领导的重视程度，从比赛的规模，从跤迷的参与人数来看都是空前的，它达到了预期的目的。在闭幕式上，首钢总公司霍书记发表了热情洋溢的讲话，他代表首钢总公司热烈祝贺“首钢第一届钢花杯中国式摔跤大赛”取得圆满成功，同时他要求各级工会组织认真开展传统体育运动，丰富职工的业余文化生活，提高首钢职工的身体素质，为首钢圆满完成国家交给的各项任务做贡献。

2001年至今：全卫术口诵书授、文化传播。

“北京东方全红体育健身中心有限责任公司”和“全卫术现代武功竞技文化中心”的成立，为“全卫术”的传承发展插上了翅膀，产生了质的飞跃，标志着“全卫术”自身的传承发展已进入了较高的阶段。六部著作的问世，以口诵书授的现代方法取代了摔跤武术口传心授的原始传承方法，使中华武学文化得到了传扬，使中华民族优秀传统文化得到了广泛传播。

“北京东方全红体育健身中心有限责任公司”和“全卫术现代武功竞技文化中心”于2002年6月8日正式开业运营。公司内设有“全卫术”现代武功竞技文化馆、摔跤武术馆、跳操馆、健身馆、乒乓球馆和全卫术文学艺术茶社，场馆高大、窗明几净，有现代化的专业设备和设施，公司内有一个小月季园，绿篱围绕在楼馆的周围，这里到处是绿草坪，门前还有一个大花园，中间有一座喷水池。大门内外鲜花绽放，花园内银杏树、泡桐树等树木郁郁葱葱，蹿柳、喜鹊、蓝靛颏、苇喳子、长嘴鹗等鸟儿尽情歌唱，这难道不是休闲健身的好场所吗？在晚上，彩灯打在黄色墙体的主楼上，写有“北京东方全红体育健身中心”和写有“全卫术、摔跤、散打、健美、健身、乒乓球”等经营项目的两块红色广告牌上的射灯全部开放，整个主楼呈现出红、绿、黄等颜色相间的彩体。此时，路灯和花园灯全部开放，让本来就十分迷人的公司夜景更加色彩斑斓，是五环路畔的一道亮丽风景线。

“全卫术馆”的创立，为“全卫术”普及全国、推广到世界打下了坚实的基础。这个培训中心为全国习练“全卫术”的爱好者提供了一个很好的场所；为世界习武者提供了一个愿学真功夫、就练“全卫术”的高档练武场地。二十年来，全国到此习练“全卫术”的人不计其数，世界到此习练“全卫术”的人数不胜数。全卫术现代武功竞技文化中心举行过两次规模较大的国内“全卫术现代武功全国竞技大赛”。北京、天津、河北、河南、山东、山西等地的数十名“全卫术”高手前来参加竞技大赛。每次比赛都推动了“全卫术”现代武功竞技水平的极大提高，为在大江南北传承发展“全卫术”作出了很大贡献。

“河北美德全卫术现代武功竞技文化培训中心”坐落在河北省张家口市，始建于2014年，它的创立，使“全卫术”的传承又取得了新的发展。“河北全卫术现代武功竞技文化培训中心”，是以教授“全卫术”“神州跤术”为主，同时教授擒拿格斗、健美健身、女子防身、散打、拳击等项目。培训中心旨在弘扬武学文化、增强人民体质、丰富群众业余文化生活，为喜爱中国功夫的社会各界人士提供习武学文、以武会友、以文交友、休闲娱乐的健康场所。河北美德全卫术现代武功竞技文化培训中心以做公益事业为主，如向张家口沽源县多所小学和职业学校传授武学文化，弘扬中华民族优秀传统文化。

北京平顺全卫术现代武功竞技文化培训辅导站、北京香景全卫术现代武功竞技文化培训辅导站、北京兴南全卫术现代武功竞技文化培训辅导站、山西美善全卫术现代武功竞技文化培训中心、山东美艺全卫术现代武功竞技文化培训中心都以做公益事业为主，同时取得了很大的发展。

第二节
全卫术传承发展组建简况

一、北京全卫术现代武功竞技文化全国培训中心

主　任：赵全才

副主任：赵红雨

总教练：赵红雪

副总教练：

赵宝全、吴广平、隗建国、高勇、王超

教　练：

霍彪、李骥超、赵红磊、赵红伟、赵红曦、苏娜、刘旭光、李燕

技术方法、指导组：

组　长：蔡振华

组　员：赵国庆、刘涛、张庆龙、陈学勇、刘增贤

传承发展、联谊组：

负责人：吴广平

负责人助理：袁爱玲

联谊人：

陈智琦、秦勇、金军友、杨德禄、武铁根、丁广福、杨延玲、刘丽君、李新建、兰静、任建华、曹焕芹、赵玉文、张玉梅、陈玉英、陈大贤、林文荣、程国庆、

席善清、王维林、陈景文、景来军、孙凯、周尚跃、苏玉海、李洪森、王惠田、于兴来、王迅

二、北京东方全红摔跤武术馆

馆　长：赵全才

副馆长：赵红雪

总教练：赵红雨

副总教练：

夏玉生、洪建华、张金锁、霍彪

教　练：

赵红刚、赵亮、赵红冉、马振、马超、郑君意、佟茂亮、赵宁、施小丹

技术方法、指导组：

组　长：崔建利

组　员：闫新生、闻富聪、赵永庆、刘学春、李长明

传承发展、乡情组：

负责人：赵宝全

负责人助理：王玉森

联系人：

赵全福、王维跃、赵永成、赵淑兰、赵淑英、丁玉贤、赵秀玲、王惠芳、马玉清、马进祥、安兰芹、赵宝兰、肖淑良、崔建飞、赵进环、马秀清、沈志远、马家福、张登科、赵宝林、安文亮、赵桂秋、徐燕平、呼薇薇、贾敏、郭惠英、孔爱秋、张银、侯璐

三、北京平顺全卫术现代武功竞技文化培训辅导站

总教练：张金锁

副总教练：郑君意、苏娜

四、北京香景全卫术现代武功竞技文化培训辅导站

总教练：隗建国

副总教练：赵国庆、陈学勇

五、北京兴南全卫术现代武功竞技文化培训辅导站

总教练：吴广平

副总教练：蔡振华、刘增贤

六、河北美德全卫术现代武功竞技文化培训中心

总教练：霍彪

副总教练：赵亮、刘旭光

七、山西美善全卫术现代武功竞技文化培训中心

总教练：高勇

副总教练：赵红刚、赵宁

八、山东美艺全卫术现代武功竞技文化培训中心

总教练：王超

副总教练：马振、马超

赵全才 著作

《全卫术》

《神州跤术》

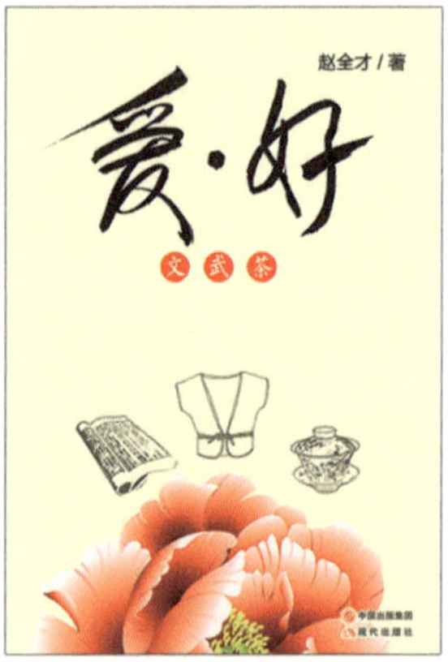

《爱 · 好》

《道 · 路》

《全卫术之秘籍》

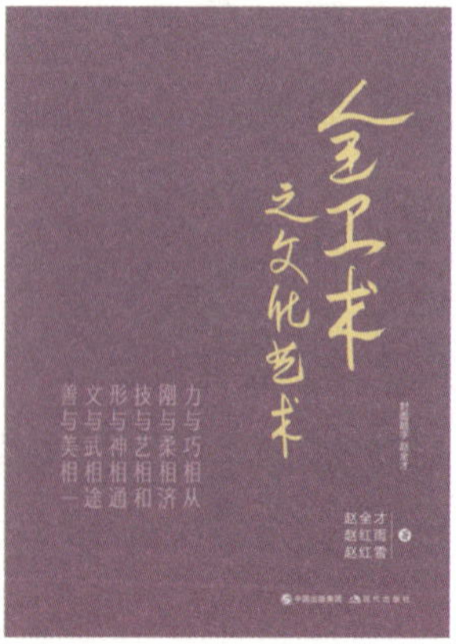

《全卫术之文化艺术》